U1006608

高校人文素质教育改革发展与探究

高　飞　金晓萌　著

吉林出版集团股份有限公司｜全国百佳图书出版单位

图书在版编目（CIP）数据

高校人文素质教育改革发展与探究 / 高飞，金晓萌著. -- 长春 : 吉林出版集团股份有限公司, 2022.7

ISBN 978-7-5731-1796-0

Ⅰ. ①高… Ⅱ. ①高… ②金… Ⅲ. ①高等学校—人文素质教育—教育改革—研究—中国 Ⅳ. ①G640

中国版本图书馆CIP数据核字(2022)第138677号

高校人文素质教育改革发展与探究

GAOXIAO RENWEN SUZHI JIAOYU GAIGE FAZHAN YU TANJIU

著　　者　高　飞　金晓萌
出 版 人　吴　强
责任编辑　孙　璐
开　　本　710mm × 1000mm　1/16
印　　张　9.25
字　　数　200千字
版　　次　2022年7月第1版
印　　次　2022年7月第1次印刷

出　　版　吉林出版集团股份有限公司
发　　行　吉林音像出版社有限责任公司
（吉林省长春市南关区福祉大路5788号）
电　　话　0431-81629667
印　　刷　三河市嵩川印刷有限公司

ISBN 978-7-5731-1796-0　　定　　价　42.00元

如发现印装质量问题，影响阅读，请与出版社联系调换。

前　　言

在新的历史时期，传统的以就业为导向的人才培养模式已经不能满足日新月异的科技发展和求贤若渴的社会需求，因此，作为人才培养的重要领域，高校必须重视大学生的人文素质教育，确立“以人为本”的人文素质教育理念，推动人文素质教育课程设计及体系的改革，强化人文素质教育的师资队伍建设，如此，才能够呼应时代的“人文关怀”，在我国初步实现推进中国特色社会主义建设宏伟进程，承担起时代赋予的重要使命，为中国特色社会主义建设伟大工程输送德智体美劳全面发展的综合性人才。

目　录

第一章　高校人文素质教育概述

人文素质教育的重要作用，源自对其教育对象担负未来角色作用的预知把握，受制于社会经济、政治、文化发展对人才的需求期待。人文素质的社会期望值通常与其所受的教育程度成正比；而作为高等教育的着力点之一，好的人文素质培养在社会模型塑造中有着深层的建构意义。对个体，它是长大成人、明辨是非和有所作为的前提；对社会，它具有链接个体与社会、在思想和知识之间逐渐培养文化自觉的作用。高度重视人文素质的教育、发现人文素质教育的价值、明确人文素质教育的深远意义，是在进行人文素质教育之前必须清楚明了的理论前提。

第一节　人文素质概述

人文素质，指人们在人文方面所具有的综合品质或达到的发展程度，其主要包括四个方面的内容：

1. 人文知识

人文知识是人类关于人文领域（主要是精神生活领域）的基本知识，如历史知识、文学知识、政治知识、法律知识、艺术知识、哲学知识、道德知识、语言知识等。

2. 人文思想

人文思想是支撑人文知识的基本理论及其内在逻辑。同科学思想相比，人文思想是有很强的民族色彩、个性色彩和鲜明的意识形态特征。人文思想的核心是基本的文化理念。

3. 人文方法

人文方法是人文思想中所蕴含的认识方法和实践方法。人文方法表明人文思想是如何产生和形成的。学会用人文方法思考和解决问题，是人文素质的一个重要方面。与科学方法强调精确性和普遍适用性不同，人文方法重在定性，强调体验，且与特定的文化相联系。

4. 人文精神

人文精神是人文思想、人文方法产生的世界观、价值观基础，是最基本、最重要的人文思想、人文方法。人文精神是人类文化或文明的真谛所在，民族精神、时代精神从根本上说都是人文精神的具体表现。

在人文素质四个方面中，人文精神是核心。人文精神主要表现在：在处理人与自然、人与社会、人与文化的关系时，突出人是主体的原则；在认识和实践活动中，以人各种需要的满足为最终诉求，强调人是目的的原则；在人与物的比较中，突出人高于物、贵于物的特殊地位，强调精神重于物质，人的价值重于物的价值，生命价值优先的人道主义原则和人本主义原则；在人与人的关系中，强调相互尊重对方的人格尊严，突出人人平等的原则。人文素质的形成主要有赖于后天的人文素质教育。

一、人文素质教育的价值

（一）人文素质教育的个体价值

从根本上来说，人文素质教育和人的尊严确立有关，它是人类在安身立命过程中对自身价值的发现和肯定，在以艺术修养、人格气质和文化行为形态表现的面貌中呈现出来。因此，从教育的角度来说，人文素质教育区别于单纯知识性和技能性教育，在完成塑造人格方面，具有直接为教育目的服务的性质。

在人文素质教育的推广中，目前更多的是以通识教育的方式进行，使得人文素质和通识教育之间具有一定的共通性。

其实，人文素质教育在传统社会中的作用是不明显的，传统经济范式中更多的是对廉价劳动力的需要和对资本的把控，对人文素质的要求较低，社会构成物质条件和精神文明建设与经济基础是配套的。人文素质是精神文明的反映，这种价值通过人的经济价值反作用于社会发展。如果人文素质不够高，则意味着社会发展受到阻碍，国家需要的人才输出不足，无法成为人才强国。从长久发展来看，这种人才缺失对国家发展战略和国际地位的影响巨大，所以更加要注重人文素质教育的发展，并将人文素质教育的优势充分作用到社会发展中来。从来就没有脱离开特定时代语境的人文素质教育，同样，反过来说，任何一个时代的主流意识形态，也必然要求其人文素质教育与其意识形态相协调，这是思考这一问题时的前提，即时代语境要求。简单地说，人文素质教育离不开历史实践的具体面貌，它与国家意识形态之间有着密不可分的关系，从而成为国家教育方针的一个重要构成方面，体现着国家意志。对国家意识形态建设来说，人文素质教育具有基础性的建构意义。

总而言之，人文素质教育的地位不仅是在学术和文化上看很重要，从政治角度来认识也非常重要。当然，与国家意识形态密切相关的人文素质教育还必须最终落实在个体层面上，回答人文素质教育的个体价值问题。

1. 成人的要素

在中华民族几千年来的文化积淀中，儒家倡导的人格理想极具人文要素，这集中体现在儒家士人在人格的塑造上。《论语》中随处可见这样的箴言隽语：“君子食无求饱，居无求安，敏于事而慎于言，就有道而正焉，可谓好学也已。”①在这些言论中，孔子实际上提出了儒家士人“成人”教育的内容。儒家士人人格的塑造，是孔子儒学建国思想的重要部分。作为国家管理的主体，对“君子”人格的要求是《论语》一书中的主要内容，“为人之道”与“为政之道”“为学之道”

① 出自《论语・学而》。

共同构成了“论语三义”。其中，“为人之道”关乎主体人格的培养，是其他二义的载体，具有更重要的作用。用今天的话来说，《论语》是一部关乎治国的书，它给出了书里面治国的主体“士人”该如何塑造自己的内容、方法和相关要求。而这些要求中，除了具体的策略外，大部分都是一种人文素质的内容，比如“仁”“礼”“诚”，这些范畴要求的都不是一般的技巧和技能，而是深层的人心塑造。由此可见，中国持续两千多年的儒家文化，就是典型的人文素质教育，这种教育的内容，和“成人教育”具有相关性。

儒家文化的末期，即便面临诸多挑战，这种思想还是一以贯之的。1902 年，清政府颁布了《钦定京师高校堂章程》，其中有“端正趋向，造就通才为全学之纲领”的规定；1906 年，又在此基础上具体提出了“忠君、尊孔、尚公、尚武、尚实”等五项高等教育的宗旨。在这些要求背后，实际上还是对人的塑造要求，就是塑造那种“上足爱国，下足立身”的人才。蔡元培先生主持的教育宗旨中提出“注重道德教育，以实利教育、军国民教育辅之，更以美感教育完成其道德。”[①]可以说，截至此前的教育方针中，通识教育或曰素质教育的目标，大体上都是指向成人教育的目的的。

在一些人反思的过程中，曾把人文素质教育缺乏的原因归咎于中华人民共和国成立以后专业的越来越细化和现代化进程中人类的工具化。从教育内容安排的角度来看，应当说这种判断是有道理的，但是仍不全面。因为教育内容是和教育方针密切相关的。改革开放以后，随着经济禁锢的打破、政治环境的宽松，自由和自我意识被唤醒，人们开始思考真正的“成人”教育。随着教育产业化的呼声高涨以及高校扩招的实施，高校本科教育实际上已经变成了普及化教育。在这个过程中形成的高等教育和就业的挂钩关系，使得一些学校为了适应教育目的的功利性要求，在成人教育方面就越来越单一和贫乏，专门化和技术化倾向越来越突出。20 世纪末开始，中国社会道德和素养的现状、世界性的人文浪潮，重新触动

① 露丝·海荷.东西方高校与文化[M].赵曙明主译.武汉：湖北教育出版社，1996：350-351.

素质教育问题，成人教育回归教育研讨的前沿。这说明，在国家总体教育目的的设计上，“成人”始终是不可或缺的要素；教育的目的首先是为人的，而不是把人塑造成技术的或者狭隘政治的工具。

2. 明辨的基础

明辨是“成人”的理性要求，符合当代的时代特点。但是随着时代的变化，明辨的内容也在变化。在中国传统文化中，明辨是非是和封建的伦理道德相关的；而在当代中国，确立明辨能力的重要性及其在人文素质教育中的重要地位，是非常必要和及时的。因为时代飞速发展而造成的判断标准的模糊和变动，对于人的明辨能力是一个痛苦的折磨，如何在五花八门的价值观中进行取舍，是每个人应该注意的问题。

人文素质教育的目的不仅仅是对公德的常识性的认识，从更高的角度来说是培养人具有思想的力量。明辨是非，源于思想的力量。在现实生活当中，每个人都会遇到困难或挫折，都会有迷茫的时候，而文化的主要作用就是通过思考消除或者解决人类对生活的困惑与不解。

3. 创新的前提

（1）人文素质水平是创新能力的标志

人文素质水平是创新能力的标志，为创新指明方向。因为人文素质的目的在于人类的幸福，而在自然科学领域，创新则是科学与技术的更新，这种更新必须以人类的幸福为目标。如果没有人文标杆，创新则容易走向偏狭的道路。所以，只有单纯的科学研究是不行的。

（2）以人文素质为基础的综合能力是创新的前提

在人文素质基础上产生的综合能力包括合作精神、心理素质、情感力量等，都是创新必不可少的前提。当代的科学发展日新月异，仅仅靠个人的力量是远远不够的。协调一个团队，共同完成一个目标，不仅需要知识，还需要集体意识和共同理想，需要情感的关怀和人性的同情、理解，在心理层面，更需要开阔的胸怀。在占有自然知识的前提下，音乐、绘画和文学艺术等都有助于培养科学家的敏感性，把握自然的奥秘。

（3）创新需要民族情感与共同理想的根植

从国家和民族的角度来说，创新需要民族情感与共同理想的根植。任何一个人都无法脱离他生存的土壤，民族情感是千百年源于血缘的内在积淀，是无法割舍的亲情所在，也是人之为人的精神命脉，它会成为强大的创新动力。而爱国情怀和民族情结是人文素质的重要内涵，它天然地成为人文素质教育对创新能力的前提要求和内容。

（4）创新需要先进的教育模式

在教育的具体层面，创新则需要改变教育模式。李开复在谈到创新时说："需要做些什么才能使创新更大化呢？这又回到教育制度。……传道是基本，但是世界上大部分问题，并不是绝对的真理，不是靠背诵就能理解的，需要你从多方面去看，去理解，然后再学习如何去思考和解决问题，直到无师自通。"这段话说出了今天教育模式存在的问题和为了更好地培养创新能力而应该努力的方向。

（5）素质全面发展

在具体个人修养层面，则需要注重：

①道德素质，这是一个人最基本的素质。严格地说，它应该在儿童时期就要养成，而不能到高校阶段才进行培养，比如"讲究卫生""遵守公共规则""交往的礼节"等就是一个文明社会必备的要素。

②智力素质，这是求知的能力，从知识的创新角度来说，基本的智力素质是必需的，它是一个人未来探索和研究的必要前提。这一素质包括一个人的智商、逻辑能力、语言表达能力、洞察力和艺术敏感力等。

③身心素质，即一个人的自然身体状况以及心理水平，在如今这个剧烈变化的时代，心理素质在某种意义上甚至成为关键时刻的决定因素。现在在很多高校有一个口号："每天锻炼1小时，努力工作50年"。这个口号实际上揭示出了身体素质与创造、创新之间的关系，身体是一个"1"，其他则是后面的"0"，没有这个"1"，多少"0"都是无用的。

④劳动素质，也即实践能力。在创新面前，尤其是在技术创新面前，动手操作等实践能力尤为重要，它是一个人独立和健康发展的自然基础，也是创新的前提保障。

⑤审美素质，是决定创新水平高低的一个要素，说到底，创新都是为人服务的，是实现人的理想。所以，一定的审美素质是必需的，它对创新的结果有着情趣高低的意义。

这五种素质和国家教育方针是一致的，德智体美劳全面发展的人就是教育的目的。当然，在高校阶段，人文素质教育还有一些比较具体而精微的目标。

关于创新的思考，一般来说还要注意：

其一，创新不是一个口号。不是什么事情加上“创新”两个字就具有合法性，以为有了创新就能解决任何问题。比如有些观念、认识和有些人的幸福则是以古朴为追求。这说明人文精神方面的幸福感和物质满足之间不是必然逻辑，而是应然逻辑，它和主体的心态有关。

其二，创新不仅仅是技术层面的，它也包括精神领域的探索，特别是和人性密切相关的领域，也存在精神面貌的新的体验；但是要特别注意的是，这种体验必须和人类的幸福有关。

其三，创新的手段和技巧与人们的认识水平和实践空间有关。所以，创新的外部环境非常重要，甚至可以说，创新是由其外部的刺激而出现的内部变化。

（二）人文素质教育的社会价值

高校大学生作为未来社会的主要成员，不仅担负着劳动者的名分，而且还担负着文化传承的名分。因为他所受过的高等教育必然使他多了一份文化责任，以及不断提高劳动乐趣的义务。这就是高校大学生培养教育所具有的社会意义和社会价值。这种社会价值源于和体现为社会需要。一个社会的稳定发展不仅源于政治、经济的推动，而且源于全体成员对这一社会的认同和参与程度。在个体与社会之间，社会成员的素质修养深层次地决定着个人与社会的和谐程度。因此，人文素质的程度水平非常重要，人文素质教育重要的社会意义也不言而喻。

1. 社会稳定的信念

任何社会的稳定，都需要一个总体统一的价值观念和一个基本稳定的社会人群。从中国传统社会来看，儒家文化和士人绅士集团构成了中国古代社会稳定的基本要素。在当代，社会主义核心价值观和知识群体就起到稳定社会的作用。因此，信仰的建立是在社会价值观念层面要思考的重大问题。每一个社会都有建立在不同的政治、经济模式基础上的主流与核心的价值规范。对于一个社会来说，信仰的稳定性决定着人们的认知水平和行为能力，也维系着社会的稳定。

其实，信仰是人文素质的一个组成部分，可以应用于对公民的塑造；同时，它又是超越人文素质的，有着跨越时间、民族和历史的终极意义。毫无疑问，在信仰层面的管理和建构，能够使一个时代趋向稳定。

2. 社会进步的常识

任何一个社会、时代都要有常识。常识是素质教育的一大主题。中国两千多年的旧文明建立在人伦与天伦统一和谐的常识判断基础上。中国人按照春夏秋冬的自然变化管理着人类社会，包括儒家士人借此机会渗透他们的思想影响。在儒家文化价值观中，天地君亲师、仁义礼智信被塑造成常识，这是伦理的常识，它维护了以儒家文明为核心的中国两千多年的帝国时代。

在全球化的时代，各种文明之间已经相互渗透，在各自文化独立性自我强调的同时，是世界文化的不断交融。目前我国公民意识和公民社会的建设已经走上正轨，成为越来越多大众的普遍诉求。以进步的契约为社会准则，发展社会是世界的潮流。这样，从遵守常识到突破常识，就要从素质抓起，对常识有清醒的认识，才会对社会进步有更大的作用。

3. 社会批判的思想

作为一个健全的社会，不能失去它的批判精神，而批判精神源于人文素质教育养成的社会批判能力，这是单纯的知识教育所不能给予的。因此，作为一个完善的社会，保持思想的批判能力至关重要，这正是人文素质教育所担负的思想批判功能。高校大学生人文素质教育的根本目的在于塑造创造历史的人才，所以对其进行社会批判意识的培养是应有之义。

二、人文素质教育的功能

人文素质教育的落脚点在于培养人，培养具有文化自觉能力的人。人文素质教育在这一方面担负着重要的任务，这也是人文素质教育的功能所在。

（一）协调个体

人文素质教育中的基本内容能够促进个体与社会之间的协调发展，进一步缓解个体发展与社会发展之间的矛盾。人类不同于一般动物的地方，在于人类的群体性和由群体而结合的社会属性，这一群体既是使每一个个体有所依托的靠山，同时也是使得每一个个体感受到压抑的力量。在个体与社会之间，这种既互利又互相挤压的现状要求从教育领域协调二者关系，人文素质教育正是解决这一矛盾的领域。

在个体与社会之间，最大的矛盾是个人自由的无限性要求和群体对这种自由的限制之间的矛盾。从人类的天性来说，追求自由是他的天然属性，甚至大于生命的价值，正如匈牙利爱国诗人裴多菲所说：“生命诚可贵，爱情价更高。若为自由故，二者皆可抛”。而在人的自由和人类的自由之间，又有所差异。个体的人的自由首先与自然存在着天然的对抗；其次与人类群体之间存在着利益的不均与意见的分歧；最后，作为加入了群体的个体，存在着其所属群体与其他群体之间的对抗。在这三层不一致之间，从个体角度来说，人的自由性遭到了压抑，出现了个体与社会矛盾的不同面相，这种不同面相相应地要求为协调它们之间的矛盾产生不同的办法，而这些办法必须能够从具体的每一个个体出发，也即能够从个体的意识角度解决其与社会的种种矛盾。

中华民族的发展之路是无法脱离群众的，群众是一个国家、一个民族的核心根基，如果没有了人，那么这个民族也就消亡在历史中了，形成的民族文化也不复存在。所以国家和民族文化要发展就必须有人文素养做基础。因此，个人素养与国家是密不可分的，从来就不是一种对立的关系，而是一种协调的关系，同化、协商、谈判、妥协等多种因素都在其中，最佳的结果并不是彼此的毁灭，而是“讲和”。这就是人文素质教育的功能之一。

（二）明晰思想和知识

知识传授与思想倾向是不能分解的。也就是说，单纯的知识传授不能决定知识使用的方向，因此，人文素质教育的功能也在于明晰思想与知识的分合关系。对于每一个个体来说，知识的获得需要记忆和一定的身心感受能力和思维能力；而思想的获得则源于自由的愿望、自我意识的强度和群体社会的责任观念。知识的面貌存在更新。过去认为是对的知识，由于时间、空间和人类研究能力和手段的提高会发生变化，比如从普通物理学到量子力学，再到宏观物理学；有时甚至是本质的变化，比如从“地球中心说”到“太阳中心说”，再到今天的“婴儿宇宙”假想理论。尽管有这样的变化，但不可否认，知识具有相对的客观性。

人文素养则不同。人类的一些思想和愿望，包括人类历史上某些产生深远影响的思想、对人类无限肯定、给人们以信心的思想，其实可能是一种错误。放在历史的层面就会发现，在思想和知识之间，人类的前进道路是在鲜花和荆棘丛中走到今天的，思想和知识也都是处于发展和变化中的，需要细致地剥离缠绕其中的情绪的、感性的认识，看到二者统一和矛盾的方方面面，为今天的思考服务。

知识体现为一种结果，它为思想提供依据；而思想是一种思维和判断，它要反思知识的面貌、评价知识的水平和意义。人文素质更多的是为探求知识提供原动力，为恰当的思想提供人性的标准和思维的基础要素，包括自由倾向、感觉能力、逻辑能力等，人文素质教育的深化有助于在不同方面促进二者的发展。对于知识提高来说，人文素质的培养将注重思维能力、求异能力、抽象能力等，在思想培养上，人文素质教育将发展人类的判断力、批判力和反思能力。

人文素质教育还有助于提高思想的水平和寻求知识的能力，明晰二者的不同作用。在人类历史上，思想指引着人类前进的方向，包括知识寻找的方向，而人文素质教育将在人文的意义上强化这一观念，特别是自由的观念，这样的努力结果是把知识的地位拉回人间，避免知识理性造成对人类幸福的伤害。

总之，在人才培养中，人文素质教育有助于一个人的全面成长，它从人性深处出发的自主意识、求异的反思思维模式、感性的判断力都将有助于一个人思想、素养的提高，促进个体与社会的协调发展，也促进知识和思想趋于完善。

（三）平衡能力

作为人生修养的人文素质教育，对自我发展，特别是处理素养与能力的关系具有相应的功能。在此，如何强化素养与能力，是需要思考的一个问题。

首先，单纯的知识教育有可能使受教育者拥有非凡的能力，但是这并不意味着其素养很好；相反，若仅仅单一地强调素养，也容易走向精神领域的超越和幻想。恰当的人文素质教育，应有助于协调受教育者平衡素养与能力之间的关系。这里的素养既指身心修养方面的人文素质，也指在人类精神方面的修养，尤其是在当下，从具体形态上说，比如艺术、音乐、绘画等，在人才培养中，要把综合素质的熏陶与知识教育结合起来进行，避免人才结构的单一化，避免人才培养的单面化。

其次，在人文素养方面，进行更加细密的培养，能够更好地平衡人文素养与能力之间的关系。比如，音乐训练不仅是要对受教育者进行音乐作品本身的感受，而且更是在这一训练中培养感受能力；文学素养教育也不是单纯为了培养受教育者去阅读和写作，更要培养受教育者在阅读和写作中的精神提升。能力的深处是人的整体感觉，在进行人文素养训练中，从表层看是在进行具体的精神产品形态的熏陶，从深层看则是对蕴含在这些产品形态中的思维方式、认识方式、价值观念和感觉方式的培养。而这些方式，将成为能力转化的内在动力。

最后，人文素养有助于生活面貌的改变。在此基础上，将会大大提升人们认识的敏感性，影响人们对生活方向的选择，从而转变其能力提升的前进方向。特别是在人文科学、社会科学与自然科学研究的不同领域，人文素养会有助于主体把握能力努力的正确方向。

第二节　高校人文素质教育的目标与内容

一、高校人文素质教育的目标

为了更好地适应新时代中国特色社会主义建设的需求，我国各行各业都在积极培育高精尖人才，在这个过程中，需要加强人文素质教育，这样才能更好地培育出优质人才。

对于社会需求而言，当下的各类科学知识之间相互交叉、相互渗透，其中社会科学与自然科学之间相互交织的知识变得越来越多，科学界限变得越来越模糊。对于当代大学生而言，必须加强自身综合素质，将所学习的社会科学知识与人文知识进行有机的结合，更好地与未来高速发展的社会相对接。对于个人发展而言，需要不断加强人文素养，通过人文素养的提高来更好地满足社会对于自身的要求，以便自己可以更好地为社会创造价值。

高等院校学生内部世界建设更加重要，传统教育对思想程度关注低，对学生情绪零疏导甚至是严重压制，导致学生性格形成障碍，这种障碍严重的情况下会促使同学关系僵化，甚至会威胁学生的生命安全。针对这些问题，学生内心世界的建立就更加迫切，情绪人格优化就更加突出。因此，要实现协调发展，高校就要把大学生培养成为和谐发展的人。

教育是提高人的素质和能力最有效的方法和手段。当前，要提高大学生人文素质，促进大学生全面和谐发展，加强人文素质教育是最好的选择。加强高校人文素质教育，有助于优化大学生的知识结构，提升道德修养，培养审美情趣；有助于调适大学生的心理，培养健康人格，促进身心协调发展；有助于构建大学生的人际关系，让大学生能够更好、更快地融入社会；有助于进一步开发大学生的智力、智能、创新能力和可持续发展的能力；有助于进一步升华大学生的内心精神，丰富精神需求，构建大学生美好的精神家园。因此，大力发展高校的人文素质教育，不断提高大学生的人文素养，进一步促进大学生全面协调可持续发展，不仅是高校人文素质教育的总目标，也是当前高校面临的一个重大而现实的课题，更是实现我国社会主义现代化建设新阶段目标的时代任务。

二、高校人文素质教育的基本内容

按照高校人文素质教育的总目标和培养要求，高校人文素质教育的内容体系主要由以下几个方面构成。

（一）人文知识教育

只有在具备相应人文知识基础的前提下，大学生才有可能进一步提升个人的人文素质，形成高尚的人文精神。因此，在培养大学生人文素质时，需要特别注意学习和接受的人文文化知识，主要包括以下几个方面：

1. 文学知识

文学主要是指通过文字的手段塑造人物形象，反映社会生活。通过开展文学知识教育，可以让大学生在浓厚的文化氛围中陶冶情操，丰富精神世界，拓宽视野，不断提高大学生对困难和挫折的承受程度，从而激发大学生对人性和生活的美好追求。文学教育是师生以文字为媒介、以文学作品展示的人类文化意象为内容，与作者进行精神沟通、丰富心灵世界、构建精神家园的活动。[①]文学教育的最终目的是促进大学生人文精神的提升，文学教育的精髓在于提升人文精神，文学教育的基本目标是人文意境的感染与人文精神的启示并将其内化为人文素质。对大学生开展文学教育，对丰富大学生的文学知识、陶冶大学生的情操、塑造大学

① 徐涌金. 大学生素质教育教程[M]. 北京：中国标准出版社，2008：182.

生的人格、建设大学生的精神家园、提升大学生的人文精神等方面，有着积极、深远的意义。在优秀的文学作品中，随处可见具备优良的人文精神和人文素质的文学人物，充满了真善美的激情和美好的人类本性。大学生在阅读大量优秀的文学读本后，其心灵也会得到进一步启迪，大学生的道德价值体系进一步完善。因此，加强大学生的文学教育，特别要注重引导大学生阅读文学经典，培养大学生形成良好的人文修养。

2. 历史知识

历史是一种反映人类社会发展过程的知识体系，是涉及社会多样性的人类发展的写照。人们可以借助历史，从各种角度描述、记录个人、群体乃至全球人类的经历。①对大学生开展中外历史发展教育，所取得的历史素质培养的效果，是其他人文基础知识课程所不能达到的。新时代的大学生必须具有一定的历史基本素养，包括中国的历史、国外的历史；古代史、近现代史；社会发展史、科学文化史等各个方面。唐太宗说过："以史为镜，可以知兴替。"龚自珍也说过："欲知大道，必先知史。"通过学习历史，可以了解历史，提升个人的智力水平，进一步激发大学生的爱国情、使命感和责任感。通过对历史知识的学习，可以丰富大学生的知识，开阔大学生的视野，培养大学生的综合能力，能够帮助大学生从历史学习的过程中不断汲取知识，全面地认知过去，客观地了解现在，科学地预测未来。因此，培养大学生一定的历史知识和历史感是大学生素质教育的重要环节。

3. 哲学知识

哲学是一种知识，更是人类知识体系的核心和灵魂。②以马克思主义哲学为主要内容的世界观和方法论教育，是人文素质教育内容的核心部分。在帮助大学生树立正确的世界观、人生观、价值观时，哲学的修养对于全面提升大学生的综合素质有着极其重要的作用。哲学作为一种世界观和方法论的理论体系，能让人的

① 徐涌金. 大学生素质教育教程[M]. 北京：中国标准出版社，2008：183；183-184.

② 李萃英，赵凤平. 面向新世纪人文素质教育研究[M]. 北京：煤炭工业出版社，1999.

思想更有深度、厚度和高度。可见，没有系统的理论思维和较高的哲学素质，高水平的人文修养便成了空谈。因此，当代大学生在大学期间要认真学习中外哲学史，特别是中国哲学史。

4. 艺术知识

艺术能够直观、敏锐地再现人类的生活，将人生的面貌丰富、真实地展现在大家面前，是人们品味人生、思考人生的重要方式之一。人们可以通过艺术手段和艺术创作加深对人类社会和人类本身的认知和理解，不断提升自身的审美水平，不断追求优质和完美的生活。艺术是一种以陶冶情操和提高审美为主要目的的知识教育形式，可以有效地拓展大学生的艺术基础知识，丰富大学生的内心世界，潜移默化地对大学生产生积极的影响，而其他形式类的教育无法通过这些形式达到良好的艺术效果。大学生要想实现思想上和精神上的进一步提高和升华，只有不断接受艺术的熏陶和打磨，加深对艺术的认识和理解，才能进一步激发出灵感，释放自我。因此，艺术教育是高校人文素质教育的重要组成部分。不断加强艺术教育，才能有效提高大学生的审美情趣，塑造大学生完美的人格，引导大学生形成正确的思想品德和道德观念，不断开展大学生的创造意识和潜力。因此，我们必须重视加强对大学生文艺社团的管理和指导，鼓励大学生建立更多的文艺社团组织，积极开展课外文化艺术活动，不断丰富大学生的文化艺术生活，培养大学生的艺术创造能力和鉴赏能力，不断提升大学生的艺术素养。

5. 语言知识教育

语言是人类最重要的交际工具，它和思维息息相关，是人类形成和表达思想的重要手段，也是人类社会的信息载体。①人们通过语言的形式将人类文明的丰硕成果保存下来并不断发扬。语言素质是一个人人文素质的重要组成部分，也是推进和发展一个人其他素质的重要内驱力和基本保证。语言素质从狭义上讲是指语言及其说、读、写等的运用能力；从广义上说，则是指思维能力。语言素质一般由两个方

① 徐涌金. 大学生素质教育教程[M]. 北京：中国标准出版社，2008：15.

面组成，一是语言再认识与理解素质，包括语音能力、词汇与语义能力、语法能力等；二是语言素质，包括阅读能力、写作能力、语言交际能力等。语言教育的目标是增强语言素质、提高语言能力。当代大学生要重视母语的学习，认真学好汉语相关知识，不断增强民族自身的文化认同感和归属感，提高自主学习能力、创造创新能力、思维能力、信息化能力、职业能力等可持续发展能力，把自己塑造成为语言使用文明、交际能力良好的高素质人才。

（二）人文文化教育

中华民族几千年的悠久历史，是一部社会发展的进步史、文明史。中国在自己的历史长河中，形成了中华民族优良的文化传统。这些传统随着时代变迁和社会进步获得扬弃和发展，对今天中国人的价值观念、生活方式和中国的发展道路具有深刻的影响。中华民族辉煌灿烂的文明是一笔极为宝贵而丰富的精神财富，是一个取之不尽、用之不竭的精神宝库，也是一种特殊的思想资源和教育资源。通过人文文化教育，使大学生认识祖国丰富而悠久的文化遗产的内涵、价值及其现代意义，产生民族认同感和自豪感，继承中华民族“团结统一、独立自主、爱好和平、自强不息”的优秀文化传统；使大学生了解中华文明的博大精深、源远流长，激发他们强烈的爱国情感与高度的民族责任感，重塑民族人文精神。同时，基本了解世界上不同国家、不同民族的文化特点、心理模式、思维方式和文化背景，正确理解并尊重各民族文化，充分认识到文化与人、社会、自然、经济之间的相互作用和密切联系，把握好文化所具有的时代特点和客观发展规律，形成良好的文化修养。

（三）人文精神教育

人文精神作为衡量人的人文素质的重要标准之一，是关注人类命运的一种理性态度。因此，每一个人都应当具备一定的人文精神。有学者对中华人文精神做了归纳：人文化成——文明之初的创造精神；刚柔相济——穷本探源的辩证精神；

究天人之际——天人关系的艰苦探索精神；厚德载物——人格养成的道德人文精神；和而不同——博采众家的文化会通精神；经世致用——以天下为己任的责任精神；生生不息——中华民族的人文精神在当代的丰富与发展[①]。人文精神的构建是每一个人都不可推卸的责任，每一个中华儿女都有责任将中华人文精神继承和发扬下去。人文精神是传统文化的历史产物，具有历史性、民族性。此外，人文精神还是时代的产物，具有时代性和开放性。大学生要立足今天社会发展的时代要求，博采众长，积极学习、理解、借鉴当代的人文精神，包括人本精神、自由精神、民主精神、法治精神、平等精神、科学精神等。

通过人文精神教育，有利于促进大学生形成对人类有价值的人文精神，引导大学生形成优良的人文素养，不断提升和丰富大学生的精神境界。

（四）公民意识与素质教育

大学生是国家、民族的未来和希望，其公民意识和素质如何直接关系到国家前途和民族命运。一个合格的人才首先是一个合格的公民。进行现代公民意识与公民素质教育是加强大学生人文素质教育的一项重要内容。

公民意识是一种社会意识，是体现在国家、民主、法律、公德、环境等方面的现代民众意识。具体来说，这种意识不仅包括主体的权利意识，还包括公民对于国家和社会的责任感。公民意识的核心是权利意识和责任意识。培育大学生社会主义公民意识，是一个具有时代意义的课题，是加强大学生人文素质教育的重要内容，是构建社会主义和谐社会的需要，是发展社会主义市场经济的内在要求和建设社会主义民主政治的本质规定。社会主义公民意识教育包括如下几个方面的内容：一是培养公民形成国家的意识，不断强调广大人民群众对各民族的认同感；二是培养公民形成义务和权利相统一的权责意识，提高公民参与国家和社会生活的积极性，突出公民的社会主体地位；三是牢固树立在法律面前人人平等的观念，依法办事、公正法治，培养公民形成正确的法律意识；四是培养公民文明

① 钱源伟. 社会素质教育论[M]. 广州：广东教育出版社，2001：186.

的行为举止，引导公民形成符合社会发展的公德意识；五是要牢固树立公民的环境保护意识，在发展社会的同时不断提升环保素养。

（五）人文社科的理论教育

人的认识是不断深化、不断发展的。人文社会科学方面的新思想、新理论随着时代的前进而不断出现，为我们的人文素质教育注入了新的内容，开辟了更为广阔的视野和空间。因此，对于反映时代潮流和社会发展趋势的人文社会科学新观念、新理论，要及时向大学生进行传授和灌输。如新出现的环境理论学、可持续发展理论、生态与资源理论、生物工程学等，对大学生来说是不可缺少的。

以上内容体系体现了大学生人文素质教育的全面要求，各项内容之间既有区别又有联系，既有侧重又有交叉，它们相互影响、相互促进，共同构成了人文素质教育内容体系的有机整体。因此，高校要正确把握各项内容之间的关系，既注重发挥某项教育内容的独特功能，又注重发挥整个内容体系的综合效用，更要考虑相关影响因素。

综上所述，高校人文素质教育首先要以人文学科类的教育为重点，包括语言教育、历史教育、文学教育、哲学教育、艺术教育等各方面内容。其次，要开展文化教育。在文化教育中，民族文化教育是重点内容，包括民族文化的基本传统、文化内涵、民族的基本精神、民族相关传统教育等。文化教育的根本目标是让人们对本民族的基本价值观念和行为模式达到基本认同，促进人类和社会之间的协调发展。文化教育并非单纯的理论知识教育，也包括各种思想内涵、心理模式、生产方式、思维方式等方面的教育。再次是人类意识教育，主要包括人类社会取得的基本文明成果、人类的道德观念和价值观念、行为方式等方面。开展人类意识教育，是要让每一个个体都能够与他人和社会、民族、环境和谐共处，既能够满足自身的发展需要，同时也增强了个体之间的相互协作，提高了自身的合作意识，实现自身和社会的可持续发展。最后是关于精神修养的教育，主要包括精神的境界、人格、信仰、信念、修养等内容。

第三节　高校人文素质教育的必要性

一、改变高校人文素质教育缺失的现状

我国现行的教育体系注重的是专门型人才的培养，看重大学生专门知识的学习，而没有对人文素质教育给予足够的重视。学校教育应该时刻以“人的全面发展”为最终培养目标，将个体的知识传授、能力提升以及素质提升统一结合起来开展教育。正是由于旧有的、单向的纯知识性教育对大学生的思维方式造成的影响，大学生无法适应变幻快速、复杂纷繁的社会，没有形成系统科学的适应能力、应对挫折的能力和应变能力，也使他们很难适应多向的和快节奏的生活方式。部分大学生产生享乐主义思想；使命感和责任感下降；价值取向过于功利世俗；优良传统的继承意识淡漠；心理承受能力较差。

我们国家正处于建设中国特色社会主义建设新时期，需要新一代具有全面素质的人才承担起伟大的使命，而目标在于：一是“立德树人”要聚集“落实”，实现教育的根本目标，牢固树立“人才培养”的重要地位，“以人为本”，德育先行，实现全方位育人的培养模式。二是素质教育要聚焦于“发展”，将大学生的德智体美劳全面发展作为开展学校工作的出发点和落脚点，全面提高大学生的思想品德、科学知识、身心健康和文化素养，增强大学生的创新能力、实践能力和社会责任感。三是教育公平要聚焦于“推进”，合理分配教学资源，取长补短，不断完善教育体系和制度，为大学生享受公平的机会、规则和过程提供坚实保障。四是把一流大学和一流学科建设聚焦于“加快”，努力把我国高校建设成为一流高校，把专业建设成为一流专业，全面增强中国高等学校的综合教育实力，提升中国高等教育在国际上的竞争力、感染力、吸引力和塑造力。五是高等教育内涵式发展要聚焦于“实现”，始终以提升教学质量为重点内容，实现高校教育的结构、体系、规模、成效和质量的共同发展，形成具有中国特色的高等教育体系，不断促进高校教育的治理体系和治理能力的现代化。高校人文素质教育建设不能单方面进行，

应该全面渗透到传统理科教育体系之中，建设优秀的高校文化，在潜移默化中培养学生的人文素养。

二、增强我国的综合国力

目前世界各国竞争激烈，主要表现在两个方面：经济、国防、军事、技术、社会发展等外部表现；人才培养、人才素质等内在表现。可见，有了高水平、高素质的人才，就有了一定优势，就能在国际竞争中处于主动地位，在国际竞争中赢得主动权。因此，各个国家都高度重视人才培养，通过各种手段，不断提高国民的综合素质，为国际竞争储备力量。教育改革是培养高水平人才的有效手段之一，通过提升教育的质量，进一步提高全民素质，培养出综合型人才。我国一贯秉持着“科教兴国”“人才强国”的战略，积极进行教育的现代化建设。大学生群体是十分宝贵的人才资源，是祖国的未来，是民族的希望。高校包括基础教育，首先还是培养人，培养成千上万的公民。这是教育的真正旨归，也是高校的根本精神。

人文素质教育是素质教育中不可或缺的一环，高校对于人文精神的传承，无疑有着重要的担当。高校的价值，不仅是培养技术人才、培养高素质的劳动力，而且是传递文化的平台。高等院校是培养高水平人才的理想摇篮，社会上的一切新的思想、思维和创新成果也都源于此。在高校中开展科学研究的根本目的是，针对目前人类生存和社会发展中出现的一系列问题和现象做出科学合理的解释和阐述，通过对现象的合理研究，为人类社会的发展进步提供强大的思想武器、充足的发展动力和可靠的技术手段。前文提到，人类社会发展过程中面临的问题主要集中在两个方面：一方面是存在和意识，另一方面是自然和社会。因此，高校的相关研究也应该包括物质与精神、自然与社会这两个方面。在自然科学方面，主要研究人类在改造世界、征服自然的过程中出现的问题；在社会科学方面，主要研究人类在发展社会和改造人类世界的过程中出现的矛盾。因此，只有同时开展社会科学领域和自然科学领域的相关研究，才能够充分发挥高校在学术方面的重要作用。高校功能的发挥是以科学类教育和人文社科类教育为基本条件的，只有将二者有机结合起来，才能够充分发挥高校的教育功能，缺少其中任何一方，都无法实现高校的教育功能。

我国高等教育应该始终坚持科学教育和人文教育共同发展的办学思路。要培养出优秀的高质量人才，高校需要给他们提供良好的精神世界。否则，即使大学生掌握了一定的技能，精神需求得不到满足，也无法充分发挥其技能的积极作用，甚至会产生消极的影响。许多学者认为，人文教育无法对大学生产生决定性的影响。但实际上，人文文化会潜移默化地影响大学生价值观念、道德伦理等方面体系的形成。因此，人文思想的重构和人文教育的提升，是中国文化发展的内在要求，是建设现代教育的要求。我们不能把青年培育成只有工具理性的机器人，他们应该受到足够的人文教育，成为一个人格发展健全、对社会有贡献的人。如果能把这些任务落到实处，把存在的问题解决好，我国的高等教育必然实现飞速发展，高等教育水平也会稳步提升。

引导大学生正确对待科学，正确对待自己，正确对待他人和集体，正确对待国家，学会怎样做人、怎样做事、怎样生存以及怎样与人相处。将大学生培养成为全面发展的综合性人才，能够为提升我国的综合国力、加快推进中国特色社会主义建设的进程、实现中华民族伟大复兴的中国梦提供坚实的保障。

三、顺应市场经济的发展

建立社会主义市场经济是我国经济体制改革的目标，而教育的目标则主要是适合社会发展的需要，全面提高教育质量和教育效益。在市场经济的大环境下，我国的教育除了培养大学生的专业基础知识之外，也要对大学生的事业心、责任感和创新创造能力的培养给予足够的重视。市场经济的发展给民众的道德素养提出了更高的要求。市场经济是非指令性的，人们必须高度自觉和自律；市场经济是开放的，人们需要通过自身的思想政治觉悟抵制各种诱惑；市场经济是竞争性的，人们需要学会与各种人沟通交流；市场经济是制约的，人们必须形成牢固的法律意识，做到知法、守法。因此，加强高校人文素质教育，是发展中国特色社会主义市场经济的必然要求。

四、强化大学生思想道德建设的要求

随着社会的不断向前发展，大学生的思想价值观念、道德行为会受到不同程度的影响，各种复杂多变的环境因素也会影响到高校专业课程教育和思想教育教学工作的实施。因此，要全面促进大学生的发展，必须不断改善思想政治教育体系和教育环境。

要提高大学生的思想觉悟，开展思想政治教育工作是根本保障。思想政治教育活动的开展会受到教师本身的影响，即教师素质的高低会影响到教学效果。此外，也受到了教育内容和教学方法的影响，教育内容是否符合大学生的特点、教学方法是否恰当，也会影响教学成效。但由于环境的变化，这些方面都会受到整个环境的影响。人的思想品德并不是先天形成的，而是在后天的环境下逐渐形成的。没有了环境，人的思想道德也不会得到充分的发展和进步。因此，外部环境可以为思想道德观念的形成提供成长空间和先决条件，从而对思想道德教育产生潜移默化的影响。加强大学生道德建设是提高全民族道德素质的重要方式，是社会道德建设的重要组成部分，是培养德智体美劳全面发展的社会主义大学生的客观要求，是落实“以德治国”方略和《公民道德建设实施纲要》不可或缺的环节。

因此，培养德才兼备的“四有”新人，是我国社会主义现代化建设的需要，而强化思想道德建设是促进高校人文素质教育的有效途径。

五、世界各国高等教育的共同目标

从世界高等教育发展的历史来看，现阶段的高等教育正在进行第三次革命。第一次高等教育革命发生在 19 世纪初期。1810 年，以洪堡为主要代表人物，在德国柏林大学实行“新人文主义”。第二次高等教育革命发生在 20 世纪初期，是以美国为代表的高等教育改革，在一定程度上弱化了人文教育。而在世界范围内开展的第三次高等教育革命，力图开创真正的现代化的高等教育，将人文教育与科学教育相结合，让科学和人文共同发展。这一时期高等教育的基本特点是："两个结合"与"四个统一"。"两个结合"是指将教育与科技、经济相结合，综合性、学术性与人文性相结合。"四个统一"是指科学教育要与人文教育统一、专业教育要与综合教育统一、主体精神要与个性发展统一、文化传递选择要与实践创新应用统一。

科学技术的迅速发展离不开科学工作者的良好人文修养。在科学迅速发展的前提下，人们需要具有更佳的精神状态、综合素质和思维能力。通过这种途径，才能不断开发出新的研究领域，实现人类和社会的共同发展。由此可见，目前世界各国高等教育改革的重点是大力发展人文教育。随着世界信息和经济的全球化，社会发展需要更浓郁的人文熏陶、更优质的人文教育、更雄厚的人文支撑。在一些科学技术相对发达的国家，其经济发展虽有一定的成效，人们的物质生活水平也得到了极大的改善，但是其精神世界却严重缺失。许多国家的权威专家相继提出了"科学教育人文化"的理念。各国的高等教育发展都越来越重视人文教育以及人文教育和科学教育有机结合的问题，不断探索和寻求让社会发展和道德水平的提高共同发展的有效途径。这一理念体现在我国高等教育理念中，即如何共同促进人文教育与科学教育建设，是新时代中国特色社会主义给我国高等教育提出的新要求。

第二章　高校人文素质教育的现状分析

经过多年的探索和实践，我国高校教育在素质教育方面取得了一定的成果，总体情况是：进一步确定了素质教育的地位和作用，对人文素质教育的重视逐渐加强，多数学生已经形成了正确、稳定的政治信仰、价值观念、道德品质和理想追求。通过素质教育，学生有了自己的奋斗目标和发展方向，形成了不断奋斗、努力进取的积极态度，学习的欲望和对知识的渴求更加浓烈，各方面能力有了充分的发展，心理素质也得到了提高。然而，我们不能忽视大学生人文素质教育存在的一系列问题和消极因素。人文素质教育作为高校素质教育的重要组成部分，在高校的发展也面临着诸多问题和困境，主要有以下几个方面。

第一节　高校人文素质教育存在的普遍问题

高校大学生人文素质教育薄弱，既有宏观背景上的原因，又有微观环境上的原因。本节主要针对大学生人文素质教育存在的问题做一个比较系统的梳理和阐述，努力找出助推大学生人文素质教育摆脱困境，并继续增强人文素质教育的重要环节和关键线索。

一、高校人文素质教育的定位不够明确

针对不同的教育对象，人文素质教育的教学内容、教育方法、教育目标等内容的设计和选取也应该有所不同。但在实际的教学过程中，我国高校更多的是使

用相对统一的教学模式。在大部分高校人文素质教育环节中，不同类别、不同专业的教学内容和教学方式相同已经是普遍现象。与我国中小学的素质教育相比，高等院校的人文素质教育只是在教学内容和教学数量上有所增加，其余并无实质上的区别。然而大学阶段的学生存在不同的生理特点、不同的人格形成阶段、不同的发育需求、不同专业领域等差别，因此需要有针对性地调整人文素质教育的策略和内容。这是在开展人文素质教育时要解决的首要问题。但针对相关问题的理论研究缺口较大，实践相关研究也有所不足。高校没有摆正人文素质教育在大学生全面发展过程中的地位，而是采取“一刀切”的形式，施行传统的人文素质教育模式，既没有专业性，也没有针对性，无法激发大学生的学习兴趣，不利于培养大学生的自主学习能力。长此以往，大学生可能会产生认知疲劳甚至逆反心理，严重阻碍人文素质教育的发展。

二、高校人文素质教育“重教轻育”

人类的素质形成过程是自我养成的过程。高校人文素质教育的根本目标是教育大学生如何做人，如何成为一个全方面都能得到充分发展的人。因此，高校人文素质教育的重点在“育”而非“教”，提升高校人文素质教育效果的根本途径是用“育”引领“教”。以“育”为核心，就是要时刻以“大学生”为主体，尊重他们在发展过程中的特性。在这个过程中，教师应该起到传授知识、引领大学生形成正确的价值观念、明确个人价值、帮助大学生养成过硬的心理素质、不断提升大学生的素质能力、塑造大学生人格的积极作用。但我国高校人文素质教育的实际情况是，学校注重课堂知识的教育，而在人文素质教育方面没有给予足够的重视和支持，教学方式不符合大学生的发展需求。此外，在培养大学生发散思维、逻辑思维、抽象思维等方面，并未彻底转变教育理念和教学方式。在相关提升素质教育的要求下发后，学校虽然增设了相关人文社科类课程，但是没有真正结合学校和大学生的特点制订培养计划，不符合我国预设的人文素质教育体系。学校教育无法达到预期效果，专业课程教育和人文素质教育收效甚微。

三、高校人文素质教育知识“罐装”化

人文素质教育体系极其复杂，内涵极为丰富。人文知识只是人文素质的一个构成要素，是其中的一个方面。人文知识可以分为显性人文知识和隐性人文知识。显性人文知识强调教师对知识的传授和大学生对知识的理解，而隐性人文知识则必须采取实践的方式，得到大学生的认同之后才能够获得。从总体上看，人文素质养成和人文知识教育两者之间并不是一种正相关或者负相关的线性关系。一个个体，即便拥有再丰富的人文知识，其人文素养并不一定高。因此，人文素质和人文知识之间并不是等同的。然而，在我国现行的教育体系中，部分学校在开展人文素质培养时过多地注重知识的讲解，将素质教育变成显性、可量化的知识传授，通过传统考试等方式对大学生的掌握程度进行考察。但实际上，人文素质教育应该采用多种培养方式、丰富的教学内容以及有针对性的教学方法。

四、个别专业技能与人文素质教育脱节

不同个体的人文素质结构都是一个独具特色的组织系统。这个系统的形成会受到各种外部因素的影响，包括大学生在成长过程中所受的小学、中学、大学的教育情况，大学生成长环境、家庭环境、社会环境等多个方面，是其互相影响的产物。高校是专门培养知识分子和高水平人才的平台。大学生选择了不同的专业，也会逐渐形成与其他专业学生不同的知识体系和综合能力。因此，在选取人文素质教育相关内容时，也应该结合这些特点，合理地选择不同的资源和信息，通过让他们对这些信息不断理解、领悟，达到共同认识，逐渐将其内化成自身人文素质体系中的内容。因此，高校人文素质教育工作必须始终坚持以培养高水平人才为导向，结合大学生的知识体系和心智条件，有针对性地选取人文素质教育的内容和方法，不断发挥出其所学专业所具备的人文知识和社会价值。我国现行的教育体系是专业教育和人文素质教育体系，有各自的师资力量，涉及的知识领域各不相同，也导致了专业教育和人文素质教育发展不协调的现象。要大力发展人文

素质教育，必须补足我们在人文素质教育上的缺陷，才能培育出肩负实现我国社会主义现代化建设时代重任的新青年。

五、家庭教育发展缓慢

父母是孩子的第一位教师，父母的一举一动都会对孩子的未来及行为产生潜移默化的影响，特别是在孩子小的时候，父母的言谈举止会成为孩子效仿的样板，家庭中的教育是孩子形成良好习惯的基础。家庭教育与学校教育是不一样的，它与孩子的接触更加紧密。家庭教育是孩子们人生路上的第一步，也是关键的一步，良好的家庭教育可以让孩子有一个健康的童年。

许多父母以为家庭教育就是看管自己的孩子，对孩子的内心了解甚少，有的家长根本就不知道孩子到底喜欢什么，这对人文素质的培养有很不利的影响。家长将全部的教育权交给了学校，他们认为学校的教育可以弥补他们的不足，但是现实并不是这样。相当一部分学生因为没有受到过良好的家庭教育，他们的心理和生理出现了各种各样的问题，在他们成年以后，这些问题都会暴露出来，甚至会对社会造成危害。自 21 世纪以来，虽然时代的发展必然会引起教育上的变化，社会的进步、科技的发展使得我们的教师队伍、教育资源以及教育机会都有了长足的发展，但是家庭教育还是不可或缺的，是大学生身心发展中最重要的一部分。

家庭教育在对孩子进行道德素质的培养、生存技能的训练、社会融入能力的提高等方面都发挥着重要的作用，这对一个孩子能否接受到良好的教育来说是非常关键的。改革开放以来，家庭教育和学校教育虽然都有了很大的进步，但是两者的发展并不协调，且有很大差距。人文素质教育中的重点是塑造人的世界观、人生观和价值观，而三观被塑造的起点就是家庭教育，也就是孩子们从出生开始就在接受家庭教育，家庭教育的缺失让众多高等学校在人文素质教育方面花费很大力气来弥补，这对当代大学生人文素质的培养极为不利。

六、当代大学生自身存在问题

大学生综合素质的提高不仅需要高校人文素质教育工作的不断钻研和拓展，还需要学生自身综合素质的均衡发展。

情商是相对于智商而提出的新概念，主要表示人的情感智力水平的高低。中学和大学是培养学生情商的主要阶段，在这两个时期，学生内心比较敏感，心理变化较为强烈，虽然在这个阶段他们的生理发育渐趋完善，但是却有不少学生因不善于处理人际关系、不善于与人交往合作、缺乏坚定的意志力和克服困难的决心而造成心理成熟度偏低，甚至有一些学生存在心理障碍。情商较低大多是因为对社会问题缺乏判断力，内心敏感，受外界影响程度高，出现焦急和抵触情绪，但是又经常会压抑内心的想法。当代大学生的社会适应能力、自我调节能力、抵抗压力的能力等基本社会生存能力无法达到当代社会要求，他们面对挫折所采取的措施也无法达到社会化能力要求，而且这些问题已经渗透到大学生的生活和学习等各个方面。大学生的社会适应能力对其自身人格提升和学业水平提高有着非常重要的意义，大学生自身综合素质发展不仅关乎个人未来发展，更关乎民族复兴和人文教育繁荣发展，关乎祖国未来的发展。只有大学生重视自身综合素质的提高，才能为我国的现代化发展提供源源不断的人才资源。

正如前面所说，虽然当代大学生的人文素质教育由于面临社会转型、应试教育和家庭教育理念存在的种种缺陷而遇到不小的困难，但是我们还是要在这种艰难的环境中不断前进。任何事物都是在曲折中发展前进的。大学生的人文素质教育需要我们不断地进行探索研究，以推动整个社会更好地发展。大学生可以说从小就面临着各种竞争，家长会把自己的梦想寄托到孩子身上，从幼儿园开始，家长就希望孩子有优异的成绩，导致孩子的时间完全被学习占据，缺少了对做人、做事的理解学习。家长认为孩子可以在自身成长中自觉地形成正确的价值观、人生观和世界观，要求孩子作为学生就应该一心一意地学习，事实上，孩子的人生观、价值观、世界观需要父母细心地指导，否则他们会被故步自封的习惯所误导，而且一旦形成错误的思想，就很难被改正过来。学生在中学和大学时期很少有投身社会实践、锻炼自身社会生活能力的机会，而家长和学校都将学生放在温室中，学生就成了“温室里的花朵”，以至于在大学毕业后不能很好地适应社会生活。长期以来的教育方式使得学生在学习本领的最佳阶段错过了社会“大熔炉”的历练机会，不能让学生的知识合理地运用到实际生活中。

综上所述，我们不难发现，大学生综合素质偏低与家庭、学校对人文素质教育认识不足和学生自我情商偏低都有极为密切的关系，但是追根溯源，这与我国的历史形态和社会形势分不开，因此，提高大学生综合素质任重而道远。

第二节 高校人文基础课程设计存在的问题

一、高校人文基础课程的目标定位不明确

在目标的定位上，从全国人文学科的整体角度而言，缺乏合理的细分，课程建设的目标定位过于统一，不同类型高校的课程设置缺乏针对性。无论培养的人才是研究型人才还是应用型人才，高校都过于注重培养目标的统一，都以培养研究型人才为最终目标，而没有结合学校特点有所偏向。在课程建设的目标上，人文基础学科人才的培养只局限于本专业之内的课程，没有形成“文史哲”相联通的培养体系，培养出的学生只掌握了某一个专业的理论知识，并非综合型人才。

二、高校文科基础教育平台存在缺失

人文基础教育平台的课程对于人才培养目标来说意义重大，是每个人文学科类学生必须学习的基础课程。通过对人文基础课程的学习，学生可以对所学专业和未来发展有一个清晰的认识，能够为下一步学习和进步打下坚实的基础。

我们发现，部分高校在人文基础教育开设的课程情况不容乐观。以北京大学为

例，北京大学的文科基础平台课程由中文、历史哲学、考古文博、艺术、外语五大院系组成。学校开设了语言学概论、古代汉语、中国古代史、史学概论、哲学导论、世界史通论等课程。这些课程中，有一部分是本专业学生在专业必修课中涉及的，可以让学科内其他专业的学生选修，如汉语言文学专业学生在文科平台课程中不能选修语言学概论（专业必修课程），而哲学、历史学专业的学生可以选择，通过这种课程选择体系能够让学生掌握文学、史学和哲学三个专业的基础理论知识，而并非单纯地学习本专业的基础知识。

然而，北京大学开设的文科基础平台课程也存在一些问题，可以通过在文科基础平台课程的设置中加入一些与中国传统文化相关的中国古典课程，而作为一个文科学生，迫切需要掌握足够的中国传统文化经典理论知识。

多数学校均开设了人文基础课程，但并没有取得良好的效果。人文基础课程的开设应该贯通文学、史学、哲学等多个方面。人文学科类的学生要注重文学、史学、哲学方面的知识培养，不断开阔眼界，促进自身的素质养成。

三、高校专业选修课结构不完善

人文基础学科课程建设应该具备完善的专业选修课结构。在教学目标方面，必修课主要培养学生的知识、技能和素质养成，而选修课则重在巩固学生的知识和技能，充分发挥学生的特长；在教学功能方面，必修课为学生的全面学习和发展奠定坚实的基础，选修课主要为拓展学生的知识和视野；在教学内容方面，必修课需要有一个相对稳定的内容，且结构完整、系统，选修课更多的是涉及教学内容的广度，给学生传授新兴的知识技能，培养学生观察问题的能力，有一定的时效性；在教学形式上看，必修课主要以线性的形式循序推进，提升学生的基本技能，选修课主要采用非线性的教学方式，通过组织学生自觉讨论，参与社会实践等方式。

多数高校的选修课程基本以理论知识课程为主。这种课程主要在学校内完成，通过固定课时达到教学目的，对学生兴趣爱好起到一定的引导和培养作用，但是实际上缺失了动手机会和动手能力。尤其是文学赏析类课程，这些课程的理论系统性更加强大，学生活动情感共情力降低，与传统专业课学习没有区别，形成的兴趣导向作用是暂时性的，很难形成长久而深远的影响，其课程开放性还容易在无形中形成兴趣缺失障碍。这就与全面发展的宗旨背道而驰了，要突破选修课程的单一理论性，才有机会增加学生多元素吸收和发展，满足学生学习猎奇性。学生在校学习期间就能够发现各种规律，并且形成规律总结，利用综合评估体系，形成多维度综合评价，帮助学生及时改正错误，引导学生思想境界提升和发展，为自身发展打下坚实基础，在良性环境中储备社会竞争力和竞争素养，多了解社会需求和社会岗位，这样可以快速融入社会发展。学校也要积极引导和支持学生社会化环境体验，并真正地形成正确指导价值体系，而不是虚拟教学，缺失教学共情性。

一般教学型院校在开设专业选修课程时，也存在同样的问题。例如，部分院校的汉语言文学专业（师范班）开设的专业选修课中理论性较强，而有关教育类的课程较少。高等师范院校培养的教师不仅要有良好的品行，更应该具有扎实的教育相关理论和专业知识，成为兼具教学能力和科研能力的高水平教学人才。

四、高校课程缺少对人文素养的培养

许多院校人文基础学科在学生培养的目标方面并未涉及人文素质的培养。大部分院校过于注重本专业内的人才培养。例如，对于汉语言文学、哲学、历史学的学生而言，必须具备扎实的理论功底和人文素养，才能够获得更全面的发展。要突出人文素质培养的重要地位，不断扎实学生的文化内涵和人文素养，让学生掌握扎实的语言知识、文学知识、历史知识和哲学知识，让“文史哲”贯通于文科学生培养的全过程，学生除了能够掌握本专业的理论知识，也能学到其他专业的基础课程知识，能够有效提高学生的综合素质。

五、教学方法与教学评价方式有待改良

现行的人文素质教育主要是采用“教师教、学生学”的模式，教师在课堂上讲得滔滔不绝，缺少教师和学生之间的互动，无法调动学生的积极性和兴趣，不利于培养学生的自主性和独立思考能力。

第三节　高校人文素质教育实践环节存在的问题

一、高校对人文素质教育的实践缺乏重视

高校实践教育时间和课程安排方式以专业为单位，有学工处和思想政治理论课教学部等不同的职能部门，这就造成了学校对大学生专业实习与社会实践之间的矛盾。所以，社会实践张力不足，对学生影响不够深刻，实践人文建设受到阻碍。学生从中收获和感受不充分，这就造成了学生走入实践误区，影响了实践结果和激发了负面实践情绪，进而导致在大学生功课忙和实习任务重的情况下，其课外社会实践活动便处在可开展可不开展的尴尬境地。

二、大学生的积极程度不够，且对实践的认知存在偏差

高校教育不能只注重理论知识学习，不能使知识学习脱离社会需要，脱离实际发展。学生也不能缺失学习任务感和责任感，更不能排斥实践课程的学习。高校大学生要彻底转变学习观念，重视实践课程和锻炼机会，发挥自己的主观能动性。提高自己的学习认知程度，意识到这是接触社会、改造自己主观世界的重要途径，在实践情景环境中调整学习思想和发展新的思维方式。能够务实学习，深入了解事物本质，认真检验真理，引导正确思想的形成和发挥精神建设效益，并且形成责任意识和责任激励，激发内部动力，调动积极性。

三、大学生的实践活动浮于表面，缺乏内涵

大学生社会实践流于形式、走过场，主要表现在：其一，社会实践活动只抓“点”，不管“面”，缺乏深度和广度。抓“点”是指一些高校把主要精力投放在院系组织的几支社会实践服务团队活动上，而对“面”上（主要指回乡度假）的同学社会实践活动重视不够，缺乏具体而有效的措施。其二，缺乏专业教师指导。因大学生社会实践缺乏专业性的指导，缺乏严格的保障机制，使大学生社会实践成为一种虚多实少、流于形式的活动。其三，实践张力不足，肤浅性主导。大学生社会实践长期效果张力不足，实践周期短、范围小，持久性和计划性缺失，实践课程被动程度过多。其四，传统导向影响严重，实践基础设施不完善。当前高校大学生在校时间长，社会实践基础设施管理和建设不足，实践空间小，选择样式少，培养机制不足，不能够创造出优质的实践情景环境。

四、大学生实践的合作机构的配合度不高

传统教育约束力和管理张力过于丰富，社会教育理论体系完善，社会资源充足，对其发展和补充也更加全面。当前，应该更加注重高校大学生社会实践支持力度。社会企业应该积极参与其中，积极提供解决办法和经济支持。特别是经济发达地区，更要积极面对问题，推动高校大学生社会实践。在与之相反的情况下，更需要政府出台相关政策法规，促进校企合作，积极落实和形成书面协议等具体方案，使高校大学生实践活动被重视，地位提高，稳定实践场所建设和发展。

五、大学生社会实践的机制不健全

大学生社会实践必须有一定的经费保障才能得以顺利组织和实施，但目前经费问题制约着活动的开展。近几年，各高校招生规模迅速扩大，尽管学校每年都要拿出一定的专项经费用于社会实践活动的开展，但对于参加人数多、持续时间

长、涉及面广的大学生社会实践活动来说是杯水车薪，资金短缺是制约社会实践活动深入持久开展的一个重要因素。

此外，有的高校没有把大学生社会实践活动纳入学校教育管理体系中，没有明确实践环节的时间比例和计划安排。在教学计划中，没有把社会实践课程作为必修课，且没有制订出课程大纲、规定学分以及必要的考核手段。对参与社会实践人员的现实表现、取得的成果没能进行科学的质与量的分析考评，并给出成绩、学分。没有建立大学生社会实践成绩档案，将其与奖学金的评定、先进个人与先进集体的评选、团员民主评议、推优入党和推荐免试研究生、推荐就业等挂钩。对参与和指导的教师，工作量上没有体现，未将其表现、能力和成绩作为评选先进、评定职称的依据，影响带队教师的积极性①。

① 赵振华.大学生社会实践的现状及路径探析[J].教育探索，2007（4）：63-64.

第三章　推进高校人文素质教育改革

第一节　正确认识高校专业教学与人文素质教育的关系

一、科学与人文的关联关系

科学，译自英文或法文的 science，起初直译为“格致”。英文的 science 一词源自拉丁文 scientia，是学问、知识的意思，不仅包括自然界的学问和知识，也包括社会和人的一切有系统的知识。但近代以来的科学则主要是指自然科学。

广义的人文泛指人类社会的各种文化现象。从近代时期开始，各种学科和专业知识逐渐规范化、专业化，将自然界知识理论的研究与人类社会的研究逐渐分离开来，分别形成不同的门类，使之更加专业化。狭义的人文主要是指人文学科，不再包括自然科学，人文与自然分离。

狭义的人文与科学具有明显的差异。科学认识的对象是外在的客观世界，具有客观性、普遍性和确定性等特点；人文研究的对象则是人本身或与人有关的现象，具有主观性、独特性和不确定性等特点。由于认识对象的不同，科学活动与人文活动所运用的方法是不同的。科学是诉诸理性的，在科学活动中，研究者必须运用推理、分析与计算等理性工具达到对对象及对象间关系的本质和规律性的认识；人文则是诉诸情感的，在人文活动中，作为主体的人主要运用体验、感悟的方式达到对对象的理解和同情。由于认识对象的不同也决定了人们在把握人文现象时需使用不同于科学的思维方式，科学主要运用抽象思维、逻辑思维，而人文则主要运用形象思维和直觉思维；科学的目的在于揭示客观规律，而人文的目的则在于寻找生命的意义和提升生活的质量。

科学与人文是人的精神世界两个最基本的方面，处于既相互区别，又相互联系、相互影响、相互作用的过程中。科学提供的是“器”，重在教育引导人如何去做事；人文提供的是“道”，重在教育引导人如何去做人。科学主要研究客观的物质世界，回答“是什么”；人文则主要研究人的主观世界，回答“应该怎样”，引导人们思考人生的目的、意义、价值，追求人生的善与美，具有价值导向性。科学需要人文来支撑，在科学上有所成就的科学家都有较好的人文底蕴。一个人要在人文上有所建树，离不开科学力量的推动。科学是人文把握世界和人生的基础和中介，人文为科学发展引路和导航。总之，科学与人文是人类生存和发展不可或缺的两个方面。一个人成长与发展需要人文与科学在功能上协调、互补，一所大学的发展需要科学与人文并存，一个国家、一个民族同样需要科学与人文的融合。人类社会历史表明，科学要发展，人文必须昌明；科学越发展，越需要人文兴盛。

二、科学与人文“双管齐下”——当代高校人文素质教育的目标

当前，在高校中，由于文理分家，自然科学与人文科学相互排斥，科学素质教育与人文素质教育彼此失衡的状况仍然存在，大学生的科学素质与人文素质状况更令人无法乐观。在高校人才培养中，重理工、轻人文，重实用、轻精神，抑或相反的偏颇的情况时有发生。与之相应，理工农医类教育过于重视专业知识传授和专业技能训练，严重忽视人文熏陶，导致理工农医类大学生对人文知识知之甚少，普遍缺乏人文素质和人文修养。文科教育忽视科学素质教育，使得文科学生对自然科学的基本知识和当代科技发展趋势知之甚少，普遍缺乏科学素质和科

学修养。因此，偏重自然科学而忽视人文科学，或者偏重人文科学而忽视自然科学，都会造成科学与人文的分离，使得大学生的科学素质与人文素质变得残缺不全，呈现“单向度”的发展趋势。

（一）科学素质教育与人文素质教育的失衡

科学的空前繁荣与技术的广泛应用极大地促进了生产力的发展，提高了人们的生活水平。这就使得越来越多的人对科学产生了崇拜心理，认为科学是万能的，它可以解决所有难题。于是，工具理性以其绝对优势压倒了价值理性。在高校，科学素质教育的地位日渐凸显，人文素质教育却大受疏远，致使二者的发展呈现失衡状态。

（二）部分高校对专才教育的过度重视

过去一段时间里，我国部分高校把高等教育看成是高层次的专业化教育，强调高等教育主要是对学生进行学科的专业化培训，为社会培养和输送合格的专业人才。这种办学模式的最大弊端是只重视专业教育，忽视通才教育，致使大学生的科学素质与人文素质不能协调发展。

我国高等教育的历史和现状的突出特点是人文素质教育的缺失，具体表现为：“高校教育科学化，人文教育式微，人文教育中人文性缺失，科学教育中科学精神与人文价值被遮蔽……它是我国高等教育过去与当前的共同问题，也是人文教育与科学教育不能很好结合的现状表现。[①]”我国高校人文素质教育的长期缺失，必然导致曾经与当下大学生人文素质的缺失以及人文精神的失落。

人才是一个国家经济和社会发展最重要的战略资源，是决定一个国家兴衰存亡的关键所在。努力培养中国特色社会主义伟大事业需要的高素质合格人才，已成为我国高等教育的重要使命和发展方向。为此，广泛实施素质教育，全面提升大学生的综合素质，已成为全社会的普遍共识。

---

① 张金福.高校人文教育与科学教育结合研究[M].杭州：浙江大学出版社，2006：246.

在现实生活中，科技的发展推动着社会的进步，我们发明的所有产品和研发的技术都是在为社会发展提供条件，科技的进步不只是科技的进步，同时也是经济的发展，科技能够解决政治、经济、法律以及环境等问题，因此，我们认为科技是无法摆脱人文社会发展的，这就要求科技研发人员不仅要有专业的科学知识，还要懂得一定的法律、政治、经济等方面的知识，要有市场判断力，明确一项研究成果能够为社会经济发展带来多大的作用，一项产品是否符合国家的要求和标准，是否符合社会习俗和法律规范等要求。社会对人才的要求越来越高，专业人员不能只拥有专业的知识，人文素质、科技的知识和能力都要具备。在这个科学社会化、社会科学化的时代，大学生要想可持续发展下去，就要具备专业的知识和较高的人文素质。

因此，注重加强科学素质和人文素质教育，努力培育具有深厚的人文底蕴、扎实的专业知识、强烈的创新意识、宽广的国际视野的国家栋梁和社会精英，是当代我国高校的教育目标。

三、科学与人文“交融并济”——大学生的综合发展之策

现代科学技术在 20 世纪的发展突飞猛进，21 世纪将更加日新月异。现代科学的发展一方面使原有学科划分越来越细，研究越来越专业化，新兴学科不断涌现；另一方面，现代科学在继续分化的同时，又趋向高度综合的发展。科学的高度综合使得各门自然科学之间、自然科学与人文社会科学之间相互渗透、相互交叉。在这样的时代背景下，世界上越来越多的国家把科学素质教育与人文素质教育相互整合，实施通才教育，把提高大学生的综合素质作为高等教育的改革方向。为此，各大高校纷纷调整课程，设置专业，重新制订高等教育的培养目标。这一切表明，注重科学素质教育与人文素质教育的融合，努力培养文理兼通、视野开阔、富有综合创新能力的高素质人才，是当今世界高等教育的发展趋势，也是当今社会发展对高等教育提出的客观要求。

大学生是国家的未来，是民族的希望，是社会最重要的资源。现如今，我国在

校大学生有四千多万人，大学生的社会理想和精神风貌以及专业知识和人文素质都影响着国家未来的发展，而且大学生还决定着我国科教兴国和人才强国战略的实施进程，大学生的综合素质对于构建社会主义和谐社会有着重要的意义。综上所述，高校对于大学生的教育和培养，既要注重对专业知识的教育，也要注重对人文素质的培养，促进大学生全面发展，为社会提供优质的人才。

科学素质教育与人文素质教育是现代高等教育不可分割的组成部分，也是高校人才培养中不可忽视的两个方面。第一，大学生的人文素质教育和专业知识的教育是不可分割的，高校要处理好科学素质教育和人文素质教育的关系，这种关系同时也是高校成才教育和成人教育关系的体现。科学素质教育就是专业知识的传授，科学技术知识就是成才教育，人文素质知识就是成人教育，人文素质教育的重点在于对人才的情感和思想观念的培养，树立正确的三观。第二，科学素质教育与人文素质教育的关系也是科学取向和人文取向的关系。科学素质教育主要是教会大学生解决问题，学会做事；而人文素质教育就是教育大学生正确看待问题，学会做好事，做善良的人，做正确的事。

第一，科学精神与人文精神交融，有利于形成正确的人生追求，从而有责任感、有动力、有激情，做事能全身心投入，达到忘我境界，从而能求真、务善、完美、创新。

第二，在高校教学中将科学知识和人文知识相结合，将这两方面进行融合，形成良好的知识基础和知识架构。知识是文化的载体，知识能够促进一个人的发展，帮助大学生树立正确的三观，明确思维方式和学习方法。知识就是力量，有了完整的知识体系才能促进自身全面发展。

第三，高校应该培养大学生的科学思维和人文思维，在思考和解决问题时要将科学思维和人文思维进行融合，形成完善的思考方式和思维方法，提高思维品质。优秀的思维方式要做到两个方面，一是正确的思维，二是思考问题要有创新性。大学生要有较强的逻辑思维能力，在思考和解决问题时要有想法、有思考、有灵感、有直觉，保证自身的原创能力。

第四，科学方法与人文方法交融，有利于形成有效的工作方法。科学方法讲实证，讲严谨、有序，讲“理”；人文方法讲体验，讲宽松、活泼，讲“情”。合“理”顺“情”，自然有效。

第五，科学文化与人文文化相融合，有利于形成良好的互助关系。科学文化象征着理性，而人文文化象征着感性，感性认识辅助于理性认识，客观世界有两个特点：差异与和谐。面对问题有不同的理解，这需要得到大家的认同，需要感性来协调理性。要想和谐共同解决问题，就需要相互理解、相互关怀，既要做到客观，又要做到关怀，这样才能保证问题的顺利解决。

第六，科学教育与人文教育交融，有利于形成健康的身心状态，从而成为有理想、有能力、善于利用外部条件开拓创新的高级人才。

综上所述，科学素质教育和人文素质教育是保证人的全面发展的基础条件，科学素质教育注重对大学生专业知识的教育和培养，人文素质教育注重对大学生身心情况和内在灵魂的培养，帮助大学生树立正确的三观。科学素质就是人的知识技能，人文素质就是人的内在修养。人文素质教育是保证科学素质教育顺利进行的前提，为科学素质教育提供保障，是推动大学生不断进步的动力。科学素质教育是提高人文素质教育的依据，只有充分的科学知识才能有效地帮助大学生获得人文知识。科学素质教育与人文素质教育是一个整体，不可分割，两者的关系是相互交融、相互协调的。所以，高校特别是理工农医类院校要更新教育观念，树立科学素质教育与人文素质教育相结合的教育理念，要确立在高校教育中人文素质教育的基础性地位。也就是说，高校必须以促进人的全面和谐发展作为教育的最高目标，在重视科学素质教育的同时，重视人文素质教育，着力推进科学素质教育与人文素质教育的进一步融合。只有这样，才能努力造就和培养适应我国社会主义现代化建设新阶段需要的、文理兼通的、德智体美劳全面发展的高素质人才。

第二节　高校人文基础课程建设革新

我国的人文学科人才的培养受到诸多方面的影响，如人文基础学科的课程目标、课程设置和教学方法等方面因素。为了解决人文基础学科课程建设存在的问题和不足，我们从以下几个方面进行深入探讨。

一、明确高校人文基础课程的定位

要搞好课程建设，首先要有明确的目标。明确的目标是课程建设的首要任务。不同层次的学校，其人文基础课程设置的目标也不相同。

研究型院校主要承担的是为国家培养政治、文化领域的高水平人才的任务。因此，研究型院校人文基础学科课程的设置必须能够代表社会发展的风潮。自古代的书院开始，就通过儒家经典著作中所蕴含的丰富内涵不断塑造学生的思想和伦理。首先，培养学生正确的价值观念，最终实现“修身、齐家、治国、平天下”的目的。同时，学生又可以通过自己所学的知识、自身的价值观念不断影响社会的舆论风向，促进社会的发展。因此，我国的研究型院校要始终坚持继承和发挥中华民族优秀的传统文化，牢固树立实现个人价值和社会价值相统一的观念，最终实现“为天地立心、为生民立命、为往圣继绝学、为万世开太平”。

研究型院校的最终培养目标是为社会培养出高水平的创新型人才，满足社会发展需要。研究型院校需要站在更高的层面对人文基础学科课程进行革新，人才培养方案不能只针对当前需求，培养目标不能缺失长期方向和计划，不能再全面依赖旧体制和旧学科设定目标。旧学科专业距离感强，学生选修倾向性低，客观能动性差，沉重式学习严重，压抑发展因素较多，沟通和了解的范围小，一般针对学校内部和同学交流，能够获取的国际发展信息不足，信息差严重，扩充知识度低，知识泛性严重，很难形成深刻系统的学习，自身文化底蕴浅薄。改革进程中要切实解决这些问题并形成系统性的指导方案，增加研究型教学方法和比重，合理采用情景学习法和快乐教育法，缓解情感压力性导向的负面影响和单向发展。为大学生提供兴趣倾向指标引导机制，建立健全兴趣倾向学习法系统知识，应用心理学中情景猎奇心理，培养大学生研究意志和研究方法养成，为实现目标培养计划提供养分。因此，研究型院校必须始终以培养高素质人才作为培养目标，促进学生知识、能力和综合素质的全面发展，由单纯的知识传授逐渐向知识、能力和素质协调发展的创新型人才转变[①]。

与研究型院校不同，一般教学型院校培养是应用型的人才。因此，一般教学型院校在确定培养目标时，要以社会市场为依据，注重培养学生的应用能力和实践能力。要深入结合市场的人才需求，对旧有的课程设置体系及时做出恰当的调整，与研究型院校和教学研究型院校的培养目标区别开来，避免开设较多理论性强、实用性弱的基础课程。

教学研究的院校则要以教学研究并重为培养目标，注重知识传授的同时，也要不断培养出继续深造的研究型人才。

随着社会的不断发展，劳动群体的社会分工越来越明确。高校在进行人才培养时，注重专业型人才的培养，导致一些新问题的出现。明确的专业划分和培养目标极大地提高了人才培养的专业性，但也在一定程度上阻碍了大学生的全面发展，不利于培养大学生的主观能动性、实践能力和创新创造能力。因此，在人才培养的过程中，高校应该在确保大学生能够获得专业性知识的同时，也要敢于突破专业限制，不断形成一种培养专业型人才和综合型人才并重的新型改革趋势。

人文基础学科培养目标的确立都是建立在本专业的基础之上的。但人文基础学科有着很强的共通性，即“文史哲是一家”。人文基础学科没有理工科那么强的专业性，是一门社会性较强的综合性学科。因此，要确保人文学科的学生有良好的适应社会的能力，就必须注重大学生综合素质的培养。目前社会复合型人才缺

① 王平祥，李忠云．中美研究型院校本科人才培养模式比较及启示[J]．辽宁教育研究，2005，（9）：5-6.

口较大，而对于人文社会科学类的大学生需求较低。人文专业的大学生毕业之后也倾向于避免从事专业技术性较强的工作，而是从事一些综合性较强的工作。高校在设置培养目标时，也应该充分考虑到这一点，注重培养大学生的知识储备和综合能力。大学生毕业之后才能够更快地适应工作岗位，满足不同岗位的需求。人文基础学科的大学生也必须具备较强的文学写作能力和逻辑分析能力。但是这些能力都无法通过旧有的培养体系实现。所以高校在制订培养目标时，不能只考虑本专业的学科特点，而是要敢于冲破专业的局限，在“文史哲”这个大环境下促进大学生的知识互通，实现大学生全面发展。

二、优化高校人文基础课程的结构

（一）人文基础学科课程设计原则

1. 强调基础知识体系，建立宽口径的课程平台

只有构建出完善的知识体系，才能够满足学术研究的各种现实需求。反之，没有坚实的基础，即使个人的花样再多，也无法流芳百世。只有打下坚实的知识基础，才有可能培养出一代又一代人才。大学生掌握了扎实的知识基础，才能够获取丰富的学术知识，形成完善的知识体系，也有助于将多种知识有效结合，打破知识的界限，培养大学生的创新创造能力。

2. 优化整合

高校人文基础学科课程需要以文科平台课程为基础，帮助大学生形成扎实、完善的知识体系，培养大学生的人文素养和综合素质。文科平台基础课程体系的构建，需要以文学、史学、哲学三个学科为坚实基础，有机整合课程资源，结合大学生的个性特征，紧紧根据大学生的兴趣和爱好，有针对性地制订培养方案和教学内容。

3. 原典导读

长期以来，我国人文基础学科的课程体系一直采取的是概论类型教学模式，

对一些学科概论、通史类课程的学习，只停留在学科的表面内容，并未深入学习某个学科的知识内容。虽然大学生有必要了解一些不同学科的相关知识，但并未涉及内涵丰富的原创性经典著作。大学生能够从原创性著作中吸取更加直观、丰富的知识。因此，我国的课程体系应该加入适量的国学原创经典，如《楚辞》《资治通鉴》《论语》等，培养大学生的价值观念和人文素养。

4.培养实践能力、创新原则

与其他学科相比，人文基础学科具有较强的社会性，无法给大学生提供充足的实践平台。因此，人文基础学科的课程设置应该对大学生的实践能力培养给予足够的重视。

5.知识、能力、素质全面发展和综合提高

人文基础学科不仅要注重提高大学生的知识水平，也要提高大学生的综合能力和素质。通过将各学科有机结合的方式，促进大学生全面发展。

（二）通识教育课程

在北京大学任教期间，蔡元培先生曾主张“文理渗透”，即打破文科和理科之间的界限，提倡文理交叉。文科类学科会涉及一定的科学方面的知识，理工类学科也与文史类课程紧密联系。蔡元培主张“沟通文理，合为一科”，①与我们今天大力提倡的教育理念也有很多共通之处。

设计人文基础学科课程需要遵循的基本原则是：厚基础、重个性、宽口径，在结构上呈现出“金字塔”形状。这种形状呈现出的是一种既注重大学生基础又能够将文理科有机整合起来的组织体系。金字塔结构课程体系的基本形式是：按照学科所属大类，将主干课程按照专业进行分类，开设一定数量的选修课程，给大学生提供灵活的课程选择，培养出具有不同专业基础的复合型人才。

通识教育强调培养人的全面发展，让大学生成为一个各方面都能够得到充分

① 高平叔．蔡元培教育论著选[M]．北京：人民教育出版社，1991：76.

发展的人。通识性课程具有较强的基础性和多样性，能够让大学生获取不同类型的专业知识和技能，拓宽大学生的见识和眼界，培养大学生的健全人格。

人文基础学科的通识类课程要充分考虑到高校所在的层次类型，即按照研究型院校、教学研究型院校、教学型本科院校进行开设。如此一来，既能够体现出不同学校的办学理念和特点，又考虑到了不同类型高校大学生的需求。

研究型院校主要培养具有高研究能力的学术人才，培养出的大学生大部分会继续深造或从事科研相关的工作。因此，其课程设置要注重理论性和研究性，在提高大学生研究能力的同时，培养大学生的人文素养。

教学研究型院校具有各自的办学特色，如师范类、理工类、综合类。因此，这类学校在设置课程时要充分发挥出学校的特点，结合办学理念，增加相关学科的课程，适当增加一定数量的应用性课程，但不宜过多。

教学型本科院校注重培养应用类人才，突出大学生的实践能力。因此，在课程设置时，要适当增加易于吸收的社会文化课程，减少理论性较强的哲学类课程。

（三）文科基础平台课程

大学生学习一定数量的儒家经典，不仅可以修身养性，还可以培养智慧和伦理道德。儒家提倡：仁、义、礼、智、信。大学生通过学习这些内容，能够逐渐理解个人的价值所在，并将个人价值与社会价值有机结合，培养“天行健，君子以自强不息”的奋斗与实践精神。不论教学主体是何种层级，儒家经典都能起到很好的教化作用。

（四）专业必修课程

汉语言文学的专业课程主要有语言学概论、古代汉语、现代汉语、文学概论、中国现当代文学史、中国古代文学史、中国古典文献学、汉语史、外国文学史、语言学史学等。

哲学专业的主要课程有哲学概论、中国哲学史、马克思主义哲学原理、西方哲学史、科学技术哲学、美学、心理学、逻辑学、中外哲学原著导读等。

历史学专业的主要课程有中国通史、世界通史、中国史、史学导论、西方史学史、历史地理学、考古学通论、中外历史文化原典导读与选读、古代汉语、中国断代史等。

（五）专业选修课程

专业选修类课程，需要结合各个学校的办学特点和专业设置、学生的特征和需求进行设计。

人文基础学科的课程设置，应根据各学校的培养方案进行设计。在大部分研究型院校，选修类课程的学分在所有学分中占比较高。大学生除了学习专业性课程之外，还可以按照自己的个人爱好和兴趣选择一定数量的选修类课程，充分发挥出大学生的自主性和个性特点。因此，研究型院校应该设置内容丰富、形式多样的选修类课程，给大学生提供充分的选择余地。此外，研究型院校主要培养的是研究能力较强的复合型人才。大学生不仅要掌握专业的基础知识，还要具备相应的发现问题和解决问题的能力，所以研究型院校专业选修课程必须体现出前沿性和前瞻性。随着科技水平不断发展，研究型院校的选修类课程中时效性较强的课程也应该及时更新，开阔大学生的视野，给大学生提供学习前瞻性知识的平台。

因此，研究型院校的专业选修课程应该注重大学生专业知识和研究最新成果的教学，培养大学生的探索能力。此类型院校的大学生多数会继续深造，从事相关科学研究工作，但也注重培养大学生的应用能力，培养出少数应用型人才。

教学研究型院校在进行课程设置时应该强调注重专业基础知识的教学，辅以一定的科研能力教学，培养教学科研共同发展的学生。因此，其课程设置应该既有较强的理论性，又有一定的应用性。

教学型本科类院校的专业选修课设置要注重大学生应用能力的培养。此类院校的培养目标是确保大学生在毕业之后能够较快地适应工作岗位。按照当地的职位要求，设置相关专业，开设相关课程，满足社会的人才缺口。在进行课程设置时，要充分考虑当地发展需要，培养大学生的应用能力，拓宽大学生的眼界。

汉语言文学专业的选修课程。研究型院校可以开设的专业选修课程包括文艺学、古代文学、现代文学、当代文学、民间文学、比较文学、古代汉语、现代汉语、语言学、古典文献等；也可以开设一定数量的应用型课程让学生选修，如文秘方向类。教学型本科类院校在进行专业选修课设置时要充分考虑社会的需要，如文秘，可以开设秘书学原理、档案管理学、中国秘书史、秘书实务、行政管理学原理、公共礼仪等相关课程；新闻传播方向可以开设新闻理论原理、新闻采访与写作、广播电视新闻、新闻编辑与评论、传播学通论、新闻摄影等课程，同时也可以开设相关的理论课程。

历史学专业的选修课程。研究型院校可以开设中国古代史、中国近代史、西方古代史文献研读、西方近代史、古代典制、断代史、文化史研究、社会史研究、考古与文物鉴定、经济史研究、西方各国历史、外交史研究等选修课程，也要开设一定数量的应用型课程，如旅游管理类。教学型本科类院校可以按照社会的职业需要，开设文化导游方向课程，如导游基础、旅游政策与法规、导游业务与实训、中外民俗、导游讲解技能与训练、旅游资源规划与开发等课程。而作为地方的应用型院校可以开设具有一定地方特色的专业选修课程，也考虑开设一定数量的理论型课程。

此外，师范类院校可以开设具有师范类特色的专业选修课程，如教师礼仪规范、教学基本功训练、学校人际沟通学、中外教育史、教学艺术、品德教育与品德心理、教育名著导读、考试与综合素质评价、学校管理等相关课程。

哲学专业选修课程。此方向的课程一般由研究型院校和教学研究型院校开设，因此有较强的理论性。可以考虑开设西方哲学、西方马克思主义哲学、哲学古典文献等课程。

（六）实践教育课程

实践教育课程主要包括学期论文、寒暑假社会调查、学期实习、毕业实习、毕业论文以及其他环节等。

目前一些高校对实践课程的实习环节很不重视，毕业前让大学生交一份实习报告就算了事。作为学校，应该建立长期的校外实训基地。实习基地的建立和巩固是提高大学生实践应用能力的重要保障。例如，根据学校所在地的情况，建立稳固的校外实习基地，实行产学研一条龙的合作办学模式。同时在学校内建立综合实训基地，在实践基础上不断培养大学生的综合素质，提高大学生的创新创造能力和实践能力，如工厂、相关行政单位、报社等地。我们在访谈一些人文类毕业生时发现，有些毕业实习并不能满足大学生的实际需求。因此，大学生的实践活动应该从大三上学期就开始逐渐实施。

三、促进教学方式和教学评价方式革新

我国现有的教学方式主要是以教师讲解、学生接受，不利于学生的全面发展。朱熹先生提出的“学导式教学方法”具有很高的参与价值。在教学过程中，应该始终以学生为主体，教师起主导作用，引导学生形成自主学习的习惯，确保整个教学过程的流畅性和系统性。在旧有的传统式课程中，教师主要是对学生进行“填鸭式”教学，学生被动地接受，死记硬背，无法充分发挥学生的自主性。而我们所提供的学生主体、教师主导的教学过程，既强调了学生的自主学习，也能够充分体现出教师在整个课堂的引导作用。教师不光要教授学生知识，更要通过自身的行为举止引导学生形成正确的价值观念。教学过程中的交流应该是相互的。教师可以通过多设置问题与学生进行互动，学生可以积极参与课堂活动，不断提高积极性，逐渐培养自身的创新创造能力。

对于高年级的学生，可以鼓励他们走出校园，将所学的知识和能力在社会实践中更大程度地发挥出来。在进行社会实践的过程中，不断提高学生的独立思考能力和解决问题的能力。这种教学模式，能够让学生成为“探索者”，激发出学生自主实践的能力，是教学方法的革新，也是教育理念的转变。

通过调查高校人文基础学科课程的评价体系，我们发现，大部分高校的课程

评价都是采用结业考试的方式，考查学生的知识掌握程度。事实上，此类课程应该更多地采用课程论文、报告、讨论或者答辩的方式进行，考查学生在学生课程之后其综合能力和研究水平是否得到了提升。在一些史学相关的课程考试中，有1/3都是考查术语概念的名词解释和填空题，严重降低了评价体系的信度。传统类的评价方法只注重知识的记忆，过于强调学生对知识本身的掌握程度。因此，在对课程进行评价时，可以适当采取论文、设计、报告、答辩等方式考查学生的综合能力和创新创造能力；注重引导学生将理论知识与实践结合，把所学知识运用到实际问题当中，不断培养学生发现问题、提出问题和解决问题的能力。此外，评价体系也要注重学生人文素养方面的考察，可以采取教师评价、学生互评等方式考查学生的综合素质。

四、加强人文素质教育师资队伍的素质

教师是一所学校的中坚力量，是教学活动的具体实施者。因此，培养学生的人文素质离不开高质量的教师队伍。

随着高等教育的逐渐普及，大学生数量大幅增加，高校教师出现了很大的缺口。为了缓解目前教师数量的紧缺，各校都在大量招聘新教师。教师数量提高的同时，其教学质量也得到了保障。高校作为人才培养的基地，其教师队伍也应该具备扎实的专业知识和实践能力，形成合理的教师体系。因此，在招聘教师时，要严格考查其教学能力和综合素质，不能因为数量急缺就随意招收能力不足的教师。

此外，现有教师队伍的综合素质也有待提高。高校可以通过对教师开展常规培训，不断提高教师的各方面能力；采取教师评价和综合能力评估的方式，督促教师不断对自身工作做出总结和提高。在青年教师的管理上，也要给予相应的引导和帮助，发挥经验丰富的教师的传、帮、带作用，不断提高教师的综合素质，进而培养出优秀的学生。

五、打造具有人文氛围的校园文化环境

学生人文素质的提高离不开学校科学的课程体系和高水平的师资队伍，也离不开学校校园环境的熏陶。有了良好的人文氛围，学生就能够在更浓郁的学习环境中体验到人文素养的深层内涵。

校园的主体是学生，校园文化主要是由丰富的课堂和课外活动共同组成的。从性质上来说，校园文化属于一种隐性课程。

课程可以分为显性课程和隐性课程两种。显性课程即能够直观呈现在学生面前的课程，是指被写入课程设置的学科，在课程和教材中有明确的体现，并且严格按照课程表实施、通过考试等形式进行评价的教学课程。隐性课程则是相对于显性课程而言的，指依附于显性课程随机出现并对学生造成一定影响的内容。传统的教学形式并未对隐性课程给予足够的重视。然而，通过校园文化和环境等隐性课程的设置，会对学生的行为举止和价值观念起到潜移默化的作用。校园文化建设的加强可以从以下几个方面进行。

第一，加强校园的物质文化建设。校园环境可以分为物理环境和心理环境两个方面。物理环境是良好的文化载体形式，可以将学校的文化内涵以直观的形式呈现在师生面前。校园物理环境主要包括建设、设施、环境、服饰、装饰等各个方面。建筑的风格、设计、格局也能在一定程度上体现出学校的精神。在一些历史悠久的学校，其学校建设是无数师生的情感寄托，蕴含着丰富的文化内涵。如北京大学的红楼，既有中式建筑的庄重，又有西式建筑的文艺，将其“兼收并蓄、博采众长”的办学思想体现得淋漓尽致。

第二，丰富校园课外活动。通过开展形式丰富的校园文化活动，如讨论、读书会、演出、展会等，既能丰富校园的人文氛围，又能够进一步丰富学生的精神世界，提高学生的实践能力和综合素质。高校开展一系列校园活动，既是在关心学生的成长进步，也能够让学生在参与活动的过程中逐渐认识到个人价值、集体荣誉感和社会责任感，学生也能够不断提高自身的组织协调能力和创新创造能力。

第三，帮助学生尽快融入社会。组织实践实习、三下乡、夏令营等实践活动，让学生参与其中，将自己所学的理论知识运用到实践过程当中，培养学生的人文素质和道德观念，不断了解自我，进而端正学生看待事情的态度，对个人发展有清晰的认识和规划，让学生在毕业之后能够尽快适应工作岗位，融入社会。

第三节　高校人文素质教育实践环节的革新

传统教育方式中，心理素质教育只是很小的一部分，能够被发展和利用的机会很少，高校大学生对社会认知过于理想化和片面化；社会价值观和社会正义感缺失，个人意志薄弱，缺乏责任心和国家发展观；远离社会发展需要，不具备前瞻性。为了弥补理论知识过于丰富造成的这些问题，学校实践就更重要，社会实践的反作用力更加明显。

一、促进社会联合，打造大学生社会实践的良好环境

社会实践是高校人文素质教育的重要环节，是大学生成长成才的有效途径，因此，全社会要给予高度重视。各级院校领导要充分认识社会实践对大学生成才的重要作用，为高校组织开展社会实践活动创造条件、提供便利。各地要在党委的统一领导下，建立由有关部门负责人参加的大学生社会实践联席办公会议，定期召开工作协调会。地方各级政府要把支持大学生社会实践列入政府财政预算，并给予具体支持。各地宣传部门、文明办、教育部门和共青团组织要在当地党委政府的统一领导下，明确各自任务，形成工作合力。各城区、农村乡镇、爱国主义教育基地、企事业单位等各方面力量应制定相关的具体政策和办法，以积极关注、支持参与的姿态，为大学生社会实践创造有利条件，努力营造良好的社会氛围。

二、积极宣传引导，提高大学生参与社会实践的自觉性

当前，许多大学生对参与社会实践缺乏足够的认识，只专注于学习书本知识，而忽视了要向实践学习，忽视了实践活动的锻炼。因而，对社会实践的热情不高，被动参加，应付了事。大学生是社会实践的主体，要充分发挥高校社会实践的人文素质教育功能，实现其育人目标，关键在于激发大学生参与社会实践的积极性和主动性。高校作为大学生社会实践活动的组织者，要努力加大大学生社会实践及其重要意义的宣传力度，以教育引导大学生端正思想认识，激发他们主动参与，自觉地投身于火热的改革开放和社会主义现代化建设的实践之中。一方面，可以促使大学生的主体性得到体现、能动性得到发挥、各方面能力得到锻炼、各方面素质得到提高；另一方面，可以保证大学生社会实践面上的普及和主题内容的拓展，使大学生社会实践活动持久地开展下去。

三、试实行学分制，推进大学生社会实践的课程化

目前，部分高校没有把大学生社会实践活动纳入学校教育教学管理体系，没有明确实践环节的时间要求和计划安排，也没有制订出教学大纲、规定学分。要确保大学生社会实践活动落到实处，收到实效，实现其育人功能，高校必须高度重视建立和完善大学生社会实践教学培养体系，制订与大学生各学习阶段和各专业（包括思想政治理论课）特点相适应的系统的社会实践教学计划、大纲，并编写教程，规定实践课时、学分，规定实践目的、任务、内容、形式和具体要求等。总之，高校要把社会实践纳入正常的教育教学计划中，制订教学大纲，规定学时学分，使之成为大学生的一门必修课。

四、加强教师指导，着力提高大学生社会实践的质量

教师是大学生社会实践的指导者。大学生社会实践是有组织、有计划、有目

的的教学工作，必须在教师的认真指导下实施。可见，在大学生社会实践中教师的指导十分重要。目前，大学生社会实践只发挥了各级团组织的作用，而没有充分调动思想政治理论课教师、专业教师的积极性。思想政治课教师、专业教师除参与课堂教学、学生毕业（论文）设计的指导外，其他形式的实践活动很少参与，这大大影响了大学生社会实践的实效性。为此，高校要切实加强社会实践指导教师的选聘，动员、鼓励广大教师积极参与指导大学生社会实践，把参与指导大学生社会实践计入工作量，作为职务晋升、表彰先进和考评的重要依据，以调动他们参与社会实践的积极性。同时，建立常设性社会实践指导中心，加强对大学生平时和假期实践活动的指导。

此外，还应聘请校外企事业单位的具有丰富社会实践经验的管理者和技术人员担任兼职指导教师，实行“双指导教师制”。在社会实践活动中，校内外指导教师要在社会实践的目的、内容、形式、方法、技巧以及活动的组织、公共关系处理、活动总结、实践报告撰写等方面对大学生进行指导。总之，指导教师要对大学生社会实践进行全程指导和监控，以提高大学生社会实践教育的质量。

五、重视基地建设，实现大学生社会实践的可持续发展

大学生社会实践取得良好育人效果的关键是建立相对稳定的社会实践基地。但现阶段多数高校缺乏稳定有效的社会实践基地，大学生需花大量精力寻找社会实践场所。大学生社会实践基地是对大学生进行人文素质教育的主要阵地，也是大学生发挥聪明才智为社会服务的最佳场所。因此，高校应给予足够的重视。

为使大学生社会实践深入开展和良性运转，高校应积极整合社会资源，按照“双向受益，互惠互利”的原则，根据社会需要，因地制宜，建立一批稳定的社会实践基地。一是主动与社区、乡镇、企事业单位、爱国主义教育基地等联系，本着从大学生锻炼成长、全面发展的需要出发，建立多种形式的社会实践基地，力争每个院系、每个专业都有相对固定的基地。二是加强管理，明确学校和地方合作单位在基地建设和运行中所承担的责任和任务。高校要充分发挥专业优势，找

准项目，真正为服务地方做些实事，让他们看到社会效益，实现多方共赢，使社会实践成为促进大学生全面发展、深化高校教学改革、推动社会经济发展的有效途径，确保大学生社会实践稳定、持续、健康发展。

六、探索长效机制，积极进行大学生社会实践的探索

高校要使大学生社会实践贯穿高校教育始终，要保证实践教育的质量，保证高校人文素质教育的持续发展，提高大学生的参与积极性，必须建立长效机制。

一是建立健全领导机制。高校要成立社会实践领导小组，由主管领导担任组长，具体负责这项工作。校团委、学工处、教务处等部门要各负其责，通力合作，齐抓共管，形成合力，在领导、组织、经费上确保大学生社会实践活动落到实处，收到实效。

二是建立健全管理机制。高校要将社会实践纳入学校教育教学计划，规定学时学分，对大学生参加社会实践提出时间和任务要求。要求大学生参加社会实践后必须上交调查报告、调研论文等材料，以确保社会实践工作不“走过场”。

三是建立健全经费投入保障机制。大学生社会实践离不开经费保证。高校办学经费投入不能走入“重教学科研，轻社会实践”的误区，设立社会实践专项经费，纳入学校财政总预算，在人、财、物等方面提供经费支持，以确保大学生社会实践工作顺利开展。

四是建立健全考评机制。高校应根据大学生社会实践的具体表现进行严格考评，其考评成绩计入学籍档案，纳入学生德智体综合测评体系，与大学生奖学金、评优评先等挂钩。

五是建立健全激励机制。结合社会实践活动，高校应每年开展各类先进集体和先进个人评比活动，对表现突出的学生、教师和集体给予表彰奖励。

上述长效机制的建立健全，有利于调动广大师生参与社会实践的积极性和主动性，使大学生社会实践活动更加充满生机活力。

第四章 推进高校人文素质教育机制的革新

第一节 机制与高校人文素质教育机制

"机制"一词源于希腊文 Mechance，本义是指机器运转过程中各零部件由于某种机理而形成的因果联系和运转方式。在不同学科、不同领域中，人们往往从不同的角度来理解"机制"。人们有时在制度、体制、机构、规范、法规乃至工作方法、操作方法的意义上使用机制这个概念，但机制又不完全等同于这些方面的任何一个。在社会科学中，机制的引申义非常复杂。综合起来，机制的基本含义包括以下几个方面的内容：一是构成方式，事物作为一个整体，总是由若干要素按照一定的方式构成的；二是作用方式，组成事物的各要素总是按照一定的方式相互作用的；三是运行方式，按照某种方式组合在一起的各要素，通过有规律性的相互作用而引起系统整体的生成、运行并发挥功能；四是调节方式，可以建立人们所期望的对事物运行和发展最适合人的要求的调节形式；五是呈现方式，机制是两个事物间可能存在的因果关系，这种关系是"正常发生的、易于识别的因果关系"，虽然因果关系诱发的条件不明朗，后果呈现的方式也不确定，但总的还是希望朝着人们的愿景发展。

"机制"引入教育研究领域，主要用于研究如何将某一教育系统的要素进行有效组合，以达成最优构造，实现高效运行，取得最佳绩效。在人文素质教育研究领域中，我们强调"机制"问题，旨在从人文素质教育产生、发展及其作用出发，探索人文素质教育的基本规律，从而深化教育理论研究，以适应当前不断发展着的高校人文素质教育的实践需要。

人文素质教育机制是指人文素质教育系统的组成要素及其结构关系、系统运行中各要素之间相互作用的过程和方式，以及教育者对人文素质教育活动运行的有效调控方式的总称。人文素质教育机制源于学校这个社会机体的生存和发展规律，蕴含于学校教育、教学、管理和服务的各项活动之中，表现为政策、规章、计划、决定、程序等。在高校人文素质教育运行体系中，系统各要素之间的相互关系和内在机能客观地反映着体系的运行规律，它们之间相互作用的过程和方式以及教育者调控是否有效，决定着人文素质教育运行体系的有效程度和实际效果。作为正面机制，良性的人文素质教育机制能够把人文素质教育内部存在着的某些不协调的关系及其运行过程中发生的某种障碍控制在最小的范围和最低的限度之内，并尽可能地加以调整或排除，使人文素质教育运行尽可能由无序状态转变为有序状态，以达到教育者所期望实现的人文素质教育目的和愿望。

第二节　构建高校人文素质教育机制的重要性

当前，客观分析高校人文素质教育机制的运行状况，我们看到，传统人文素质教育机制在实践中存在一些问题，不能满足新时代对大学生人文素质教育的要求，部分机制功能滞后，需要健全、完善或整合，新的机制尚待开发。因此，有必要在理论和实践上探索大学生人文素质教育新的长效机制，与时俱进地对大学生人文素质教育的现行机制进行创新与完善。

一、国家战略地位及基础性地位的需要

大学生是十分宝贵的人才资源，是民族的希望、祖国的未来。他们有什么样的理想和精神风貌，具备什么样的人文素质，直接关系到社会主义现代化建设事业的成败和中华民族伟大复兴能否实现。不仅如此，对于全面实施科教兴国战略

和人才强国战略、构建社会主义和谐社会都具有重要的现实意义。因此，大学生人文素质教育是事关国家前途和民族命运、事关科教兴国战略和人才强国战略的战略工程。

在全面实施素质教育的今天，人文素质教育与科学素质教育一样，是一种基础性的教育方式。科学素质教育重在教人知识技能，人文素质教育重在塑造人的灵魂。科学求真，是立世之基；人文求善，确立为人之本。所以，高校人文素质教育是教人如何做人的基础工程。人文素质教育能够拓展人的知识、启迪人的智慧、陶冶人的情操、净化人的心灵、提升人的境界，从而提高大学生的人文素质。新时代，大学生人文素质教育面临着许多新情况、新问题，这就需要我们厘清新思路、研究新问题、总结新规律、构建新机制、寻求新发展。因此，建立健全与大学生成长成才需要相适应的人文素质教育长效机制，积极探索新形势下大学生人文素质教育的新途径、新方法，努力体现时代性，增强育人效果，有利于进一步确立大学生人文素质教育的战略地位和基础性地位。

二、培养全面和谐发展人才的必然要求

我们知道，要办好社会主义教育，首先要解决好“培养什么样的人、如何培养人”这个根本问题。大学生人文素质教育在培养全面和谐发展人才中具有重要作用。在市场经济条件下，大学生的思想观念、价值取向、生活方式等呈现出多样化趋势，使得人文素质教育工作遇到了前所未有的挑战。面对新情况和新课题，构建人文素质教育长效机制，有利于人文素质教育内容的顺利实施，有利于人文素质教育目标的实现、人文素质教育“培养人、塑造人”功能的充分发挥。因此，完善和创新大学生人文素质教育长效机制，直接关系到“培养什么样的人、如何培养人”的问题，从根本上说是培养全面和谐发展的高素质人才的必然要求。

三、我国高等教育持续、健康发展的内在要求

长期以来，部分高校重专业技术教育，忽视人文素质教育；重教学生做事，忽视教学生做人。其后果必然是高校教育发展的失衡，从而制约了高校教育的办学质量和水平。新时期，加强大学生人文素质教育，努力构建大学生人文素质教育长效机制，有利于反思我国高等教育，转变教育观念，树立科学素质教育和人文素质教育并重的教育理念，从而全面提高高等教育质量，推进我国高等教育事业健康向前发展。因此，建立健全大学生人文素质教育长效机制，既是培养和谐发展人才的需要，也是我国高等教育持续、健康发展的内在要求。

第三节　革新高校人文素质教育机制的基本原则与方法

确立构建大学生人文素质教育长效机制的基本原则，并将这些原则灵活地运用于机制建设和机制运行过程中，是推进大学生人文素质教育工作顺利开展的关键。在大学生人文素质教育长效机制构建的过程中，我们认为，要坚持科学性、系统性、协调性、全员性和可行性等原则。

一、高校人文素质教育机制革新的基本原则

（一）科学性原则

大学生人文素质教育机制能否有效运行，关键在于机制本身是否具有科学性。思想政治教育工作是一门科学，人文素质教育是高校思想政治教育的重要组成部分。在大学生人文素质教育长效机制的构建和设计中，紧紧围绕“建设什么样的大学”“怎样建设大学”“培养什么样的人”“如何培养人”等重大问题，积极、深入探索大学生人文素质教育、管理和服务之间的内在联系，立足于解决机制运行中的现实问题，

在构建过程中要采用科学的方法和手段，在实际运用中要遵循科学的原则，在实践中求创新，在创新中求发展，从根本上提高人文素质教育的教育效果。

（二）系统性原则

系统是由相互制约的各个部分组成的具有一定功能的整体。系统运行的基本思路，是把研究处理的对象当作一个系统对待，考察其中元素之间的关联，并且从整体的角度来协调这种关联，使系统在所要求的各种性能指标上达到最优状态。大学生人文素质教育是一个系统工程，需要学校领导重视和政策支持，需要开设相关的人文课程，需要积极向上的校园环境引导，更需要有较高人文素质的教师队伍作为保障。因此，要运用系统理论研究人文素质教育诸要素的功能特征和实施途径，构建人文素质教育长效机制，全面分析和研究教育的组织活动和管理过程，使其按照一定的结构关系、运行方向、运行路线、运行速度和运行力度等良性方向运行，使人文素质教育更加科学化、规范化、正常化。

（三）协调性原则

在大学生人文素质教育体系里，存在着若干机制。这些机制在校园小环境和社会大环境中存在与运行，使得我们在开展人文素质教育时有了可操作的实践模式。但是任何一种机制都不是孤立的，从相互关系上来说，决策机制、目标机制处于核心地位，发挥系统整体的领导与协调功能。同样，要把大学生人文素质教育贯穿教育、管理和服务的全过程，机制之间也需要相互协调、配合，才能发挥作用。构建人文素质教育机制必须注意将大学生人文素质教育的诸多机制进行有效的整合，使其形成合力，科学、高效地运转起来。要在高校人文素质教育指导委员会的领导下，监督高校人文素质教育的开展情况，科学分析大学生人文素质教育中存在的不足和问题，确认其是否达到了预期目标，以便高校有关部门根据反馈信息及时进行纠正与调控，围绕所要实现的目标进一步制订出相关举措，在下一步实施的过程中推行，从而提高高校人文素质教育效果，实现机制运行的最大化效果。

（四）全员性原则

教师是教育之本，广大教职员工良好的人格魅力、师德风范对大学生的健康成长有着深远的影响。倘若教师和行政人员的人文素质缺失、师德失范，必将影响大学生成长成才。高校教师和行政管理者只有努力做到语言文明礼貌、态度亲切和蔼、举止大方得体，才能以良好的师德形象和高尚的人格感召、启迪和教育大学生。因此，我们在建立健全高校人文素质教育长效机制的过程中，要体现全员育人的原则，调动全校教职员工的育人积极性，通过教书育人、管理育人、服务育人的各个环节，形成良好的育人环境，从而使高校人文素质教育工作落到实处、收到实效。

（五）可行性原则

可行性原则就是可操作性原则。我们的一些高校以往在人文素质教育与管理方面出台了不少文件、规章和举措，但是实际落实和收到的效果却不佳。究其原因，主要是文件、规章和举措是在一定的舆论氛围中制定的，很少考虑其是否可行。那么，建立健全长效机制，我们就一定要吸取以往的教训，认真考虑其可行性。我们在建立长效机制时，既要看到共性，又要看到个性；既要看到普遍性，又要考虑到特殊性；既要有前瞻性，着眼长远，超前考虑今后工作可能面临的问题，又要具有时代感，要紧密联系当前实际。总之，高校要努力建立符合时代发展需要的、切合大学生实际的、体现时代特点的工作机制，以提高机制运行的效率。

二、高校人文素质教育机制革新的具体方法

人文底蕴不像具体的文化功用那样显现和容易为人把握，需要人们去发掘、领悟和积累。一个人的人文素质不是与生俱来的，需要长期的乃至终身的获取，而且，人文素质教育的根本目的——人文精神的内化也是一个长期的过程，不可

能一朝一夕完成。正是因为人文素质教育的这些突出特征，使得增强人文底蕴、提高大学生人文素质绝非一日之功。因此，人文素质教育具有延续性和长期性。建立健全教育机制，对提高高校人文素质教育的效果至关重要。高校要使人文素质教育贯穿始终，要保证教育教学的质量，提高学生的参与积极性；要扎实有效地推进人文素质教育事业健康地向前发展，就必须努力探索和建构人文素质教育的长效机制。

（一）健全领导机制

组织领导机制是推进高校人文素质教育的重要组织保证。高校要设立人文素质教育指导委员会，由主管领导担任主任，负责这项工作。通过成立教育指导委员会，加强对学校人文素质教育工作的指导，制定相关政策和制度，充分调动学校各级组织、各级领导对人文素质教育工作的重视。

（二）健全管理机制

要想努力推动高校人文素质教育发展。第一，制定关于人文素质教育的规定和制度，完善管理体制，比如队伍培训制度、队伍考评制度、教师开课申报制度等。第二，将人文素质教育纳入学校教育教学计划，规定学时学分，对学习任务和要求做出规定。综上所述，学校要制订相关规定，保证人文素质教育顺利进行，规范教学模式，保证师资队伍的水平和能力，明确目标，促进学生全面发展。

（三）健全用人机制

加强人文素质教育，建立完善的用人机制，培养高质量的教师。第一，要实现政策倾斜，学校要拓宽师资引进渠道，对教师进行专门的培养，改善师资队伍结构，提高教师的整体水平；第二，提高教师的教学质量，引进专业的人才，同时也要注重教师的品格、知识结构、艺术特点等方面，制订一套考核标准，对教师进行考核和评判，保证教师的品格和素质，提高教师的整体水平。

（四）健全教师教育培训机制

学校要组织教师进行专业的培训，教师和学生一样都要不断提升自身的品质，因此，对教师进行人文文化知识的培训，不断提高人文素质的水平。学校可以进行集体组织和培训活动，比如人文文化系列讲座、民族文化艺术研讨等活动；进行校本教育培训，教师要不断提高人文文化知识，比如文学、哲学、历史以及艺术等，要不断完善自身的知识结构，提高教师的综合素质和能力，才能进一步引导学生发展。除此之外，学校要有计划、有针对性地派出教师到优秀学校进行学习和探究，提高整体的师资力量和人文文化水平。

（五）健全经费投入保障机制

高校人文素质教育工作的进行必须有足够的资金支持。学校的办学资金不能陷入“重科学素质教育，轻人文素质教育”的误区，学校要加大对人文素质教育资金的投入，设立人文素质教育工作的专项经费，而且要将人文素质教育花费的资金纳入学校总财政。同时，学校还要将资金投入到科学研究、师资培训、教学资源购置、社会实践等活动中，确保高校人文素质教育的开展，将资金用到实处，充分合理地利用资金，达到最佳效果。

（六）健全大学生学习机制

学习是学生获得人文文化知识和提升人文素质的主要方式和途径。第一，明确“必读书目”的制度，通过“必读书目”的引导和检查，让大学生明确人文阅读的方向，获得人文文化知识。第二，实行艺术特长等级证书制度，积极鼓励引导大学生发挥自身的长处，帮助大学生发挥特长，如音乐、舞蹈、书法、绘画等艺术特长，促进大学生全面发展。第三，推行学分制度，推行文理课程的互相选修，学校通过这种制度引导大学生自觉学习人文文化知识和科学文化知识，创新大学生获得知识的途径，制订人文素质的学习机制，充分调动大学生学习的积极性。

（七）健全家庭学习机制

人文素质教育并非一朝一夕就能实现，需要家庭环境与校园环境的综合熏陶，才能在潜移默化中养成大学生的人文素质。在学校，通过教师教学，结合理论与文学艺术类课程，让大学生理解人文素质的概念；在家里，通过父母的言传身教，为大学生带来实践的热情。只有“家”“校”相结合，才能构建完整的人文素质教育体系。

高校也应当建立公开课体系，定期邀请家长进行人文素质培训，加强大学生家长的人文素质教育，以期其能配合学校进行教育，充分调动大学生参与人文素质教育的积极性。

（八）健全考评机制

高校应该建立一套完整的考评机制，激发教师的积极性，积极参与人文素质教育活动，充分调动教师教学的积极性，如物质激励法和精神激励法。高校根据人文素质教育活动开展的情况对教师进行评价，对工作认真、成绩突出的教师给予激励。通过物质和精神激励提高教师的工作热情，增强大学生对人文文化的兴趣，推动人文素质教育工作顺利进行。

（九）健全大学生社会实践机制

高校人文素质教育的关键是社会实践体验活动，各大高校应该提高对大学生人文素质教育的重视，完善教育实践活动机制。第一，高校应该把人文素质教育活动规定为一项学校教育的计划，实施学分学时制，保证大学生参与人文素质教育的时间，把人文素质教育活动作为一项任务要求大学生来完成。第二，高校要为人文素质教育活动提供足够的资金支持和人才支持，如高校开展历史文化遗址考察，民风、民俗实地考察等活动时，要给予足够的资金和物质作为保障。第三，高校可以建立大学生人文素质教育实践基地。例如，学校可以联系博物馆、历史文化遗迹保护单位等文化组织机构，创建教育实践基地，培养大学生人文素质、民族精神，树立正确的世界观、人生观、价值观，保证人文素质教育能够长久发展下去，让大学生在实践基地中感受到中华文化的内涵和魅力。

要想建立完善的人文素质教育机制，就要通过各个方面共同努力。学校领导要基于对人文素质教育的重视，正确引教师生进行人文素质教育活动。人文素质教育要符合社会发展的潮流，符合国家教育的规定，促进大学生全面发展，健全大学生人格品质，增强大学生的身心素质。

第五章　高校人文素质教育师资队伍建设

教师是教育之本，没有一支高人文素质的教师队伍，很难对学生实施人文素质教育。在科学与人文日益融合的今天，大学生对高校教师的评价标准提出了新的更高的要求：高校教师不仅要有扎实的专业基础知识和精湛的教学技艺以及骄人的业绩，还要具有较高的人文素质。因此，高校必须高度重视和切实加强人文素质师资队伍建设，广大教师更要加强自我人文修养，努力建构自己的人文素质体系，以推进高校人文素质教育事业健康向前发展。

第一节　教师与人文素质的关联关系

一、教师于高校人文素质教育中的重要性

教师是高校人文素质教育的主导，是推动人文素质教育的实施者。在人们的素质教育中，教师起着引导学生学习的任务，教师的教学态度、教学方法对学生具有一定的影响，所以教师要提升自身的教学水平、教学质量，让课堂充满吸引力和活力。教师在人文素质教育中的两种方法是言传和身教，在潜移默化中引导学生提高人文素质。

（一）高校教师的言传作用

在人文素质教育的方法中，言传功能是指将教师的人文思想、人文价值观念，用语言的形式传播给学生，以影响学生对人文素质的追求，帮助大学生树立正确

的价值观念，引导大学生树立正确的人文价值取向。学校应该制订系统化、理论化的教育课程，加强对教师的培养，教师也应该为大学生设置明确的人文素质目标和计划，通过积极的引导，让大学生喜欢并热爱人文素质教育课程。人文素质教育的核心是“传道”。在人文教育课堂中，教师的人文素质水平和科学知识的掌握程度，影响着大学生对人文素质教育的学习。教师本身的高水平、高素质，让大学生有了对人文素质的高追求，能够正确引导大学生参加人文素质教育活动，树立正确的人文素质价值观念，让大学生树立对社会、国家、他人的责任感和使命感。高校教师不仅要教会学生知识，更要教会学生如何做人。

（二）高校教师的身教示范作用

大学生人文素质教育不仅需要高校教师的言传，更需要高校教师的身教。在大学生的心目中，教师就是标杆，就是镜子。教师良好的身教对于大学生良好人文素质的培养起着决定性的作用。大学生的人文素质，在很大程度上是教师身教的素养涵育出来的。“以身作则”“为人师表”自古以来就是社会对教师个人的品德要求。我国教育家叶圣陶先生认为，“教育工作者的全部工作就是为人师表”，“‘身教’，就是‘为人师表’，就是一言一行都足以为受教育者的模范”。[①]高校教师作为人类灵魂的工程师，必须努力提高自身人文素质和道德品质。人文素质和道德修养是高校教师综合素质的核心。教师良好的人格魅力和道德风范对大学生的健康成长有着深远的影响。高校教师只有努力做到知书达理、彬彬有礼、待人友善、为人正派，才能以良好的师德形象和高尚的人格感染、影响、激励大学生，从而收到“为人正直”的良好教育效果。

二、人文素质对高校教师职业发展的影响

教师人文素质就是教师自身具备的人文精神素质道德，是教师在日常生活中思想情感、心理性格等的体现。教师在上课时的教学态度、教学方法、教学思维，

① 叶圣陶.叶圣陶教育文集（第2卷）[M].北京：人民出版社，1994：555.

以及教师本身的修养，都是人文素质。人文素质影响着教师的教学风格、人格塑造、师德修养等。

（一）人文素质影响着教师素质结构的完善

现代教师要有与时俱进的教学素质，符合时代的发展潮流，这是教师职业的基本要求。现如今对高校教师的素质要求也在不断提高，坚持以人为本的教育思想、和谐德育的教育理念，都是现代教师需要具备的素质。现代高校教师应具备以下素质：第一，教师应该具备先进的师生观、人才观和价值观，保证自身思想观念的正确性，从而引导学生树立正确的三观。第二，教师应该有专业的人文素质知识和专业知识作为保障。第三，教师应该具备创新意识和专业的技艺能力。第四，教师应该具备崇高的职业道德、良好的人文素质。这些要求都在不断促进高校教师进步和发展。高校教师不断丰富自身的专业知识，这对高校大学生的人文素质教育起着重要的作用。

（二）人文素质影响着教师师德修养的提高

教师是人类灵魂的工程师。一个教师的个人修养程度是由道德人格及思想品质决定的。只有教师具备较高的人文素质，才能培养出具有高素质、高品德的学生。教师是人文素质教育活动中的传播者和领导者，只有自身具备良好的人文素质，才能承担起教育学生的重任。教师要热爱教育职业，有较高的职业道德素质，认真履行教师职责，关爱学生，尊重学生，帮助学生树立正确的价值观念，促进学生全面发展，做到爱岗敬业，甘于奉献，热爱教育事业。因此，一个教师的“人文修养在一定程度上影响着他能否具有爱岗敬业、乐于奉献的精神和品格，能否真正做到教书育人”。

（三）人文素质影响着教师人格魅力的形成

自身具有较高人文素质的教师，在人文素质教学活动中，不仅能够传授给学生人文素质知识，还能帮助学生树立正确的价值观念，以及对社会科学等方面的知识进行教育。教师充分利用自身的知识掌握，开拓学生的视野，拓宽学生的思维，使学生感受到人文教育知识的魅力和价值。如果一位教师只注重专业知识的研究和学习，对专业领域以外的知识并不了解，人文社科知识不丰富，人文素质较低，学生就很难真正喜欢这种教师。教师的人格魅力是人文修养中举止、风度、气质的体现。如果一个教师学识广博又风趣幽默，那么他一定会受到很多学生的欢迎，这就是一个教师人文素质带给他的好处，学生被教师的人格魅力所吸引，从而热爱课堂，喜欢他的讲课内容。在这种具有人格魅力的教师的影响下，学生也会潜移默化地向这种教师学习，提高个人魅力，这在一定程度上影响着教师的教学成果和学生的学习兴趣、学习效率。

（四）人文素质影响着教师的教学风格

教学风格是教师教学成熟的标志，是一名教师必备的基本素质。教学风格是教师的个性特征在教学上的全面反映，它因教师的学识、修养、兴趣、特长等的不同而各异。人文素质反映了一个人的人格、气质、情感、世界观、人生观、价值观等个性品质，对教师个人兴趣、特长的形成产生重要影响，甚至决定着教师的教学风格。例如，文学爱好者能够从文学中获得成长，作用于教学中就更具备文学张力，形成文学柔性授课方式；美学积累者在授课和教学方法上更倾向于美学角度，利用生活的美学促进知识由抽象转变为物化。所以，教师人文素养倾向就是其价值观导向倾向。

（五）人文素质影响着教师的专业发展

专业发展是教师个体知识专业技能和专业素质不断提升的过程，也是教师教育观、学生观、教师观不断与时俱进，符合社会发展趋势的过程。人文素质是一种人文精神，是教师对待教学的一种态度，是教师对社会的追求、对他人的态度，以及解决事情的方法。一个具有较高人文素质的教师，一定拥有良好的人文态度和人文精神，这种态度和精神促使教师不断进步，自我提升。具有较高人文素养的教师并不会把教学活动当作谋生手段，而是作为一种荣誉和责任来看待。关爱学生，尊重学生，促进学生全面发展，这是教师的责任和义务。教师要把不断提升自身人文素质作为职业追求，不断进取，不断提升自己，让自己紧随时代发展趋势，不断探索未知领域和知识，帮助学生提高人文素质。所以，教师只有不断追求自身人文素质的提升，才能有强大的精神动力。

第二节　高校教师人文素质体系的构建

一、高校人文师素质教育资队伍的现状

教师是人文素质教育的主导者，学生是人文素质教育的对象。高校教师自身人文素质水平会直接影响到人文素质教育的发展情况，这也决定着大学生人文素质水平的提升的情况。现阶段，我国高校师资力量不够强大，教师自身人文素质水平不高，主要表现在以下方面。

（一）人文素质教育师资比较紧缺

目前从事人文社会科学教育工作的教师较为紧缺，只能基本满足学校人文社科专业课的教学任务，根本谈不上为进一步提升大学生人文素质而面向全校开设其他更多的公共人文选修课程，严重制约了学校人文素质教育的开展。理工体系的快速发展使得教师思维更加理智化，这种素质倾向具有一定的片面性，对于指导思想不能融会贯通和全面发展，教师人文素养程度迥异。

（二）专业教师知识结构单一，人文素质欠缺

理工体系的快速发展使得教师思维更加理智化，这种素质倾向具有一定的片面性，对于指导思想不能融会贯通和全面发展，教师人文素养程度迥异。

语言表达能力较差。语言是一种艺术，其表现形式张力程度高，优美的语言能够使抽象概念具体化，语言表现力和渲染力能够激发学生好奇心理，促使大学生发挥主观内驱力学习。而理智化语言表现形式与之相反，难以达到预期的教学效果。

艺术修养偏低。现代教师受自身成长环境的影响，大都没有受到专业艺术的教育，如音乐、绘画、钢琴等艺术教育，所以缺少艺术的修养，缺少一定的气质和风度，在教学课堂中没有形成自身的风格和特点，很难吸引大学生。

师德状况不容乐观。由于教师受到社会大环境的影响，教师自身的思想、态度并不端正，对待自身工作缺少责任感，没有做到真正热爱教育事业。在教书育人上，教师只是做到了教书，却做不到育人，师生关系并不融洽。由于教师自身人格品德缺失，严重影响着教师的整体发展和形象。所以，要推动人文素质教育正常进行，首先就要改变自身的不足，从教师自身出发，提高教师整体的人文素质，这样才能帮助大学生提高人文素质。

二、高校教师人文素质体系的构建要素

高校教师人文素质所包含的师德修养、人格魅力、教学艺术以及语言表达能力等，是新时期高校教师素质的重要组成部分。要充分发挥教师在实施大学生人文素质教育过程中的作用，高校教师必须努力建构完善的人文素质体系，提升自身人文素质水平。这一体系主要包括以下要素。

（一）良好的职业道德素养

师德即教师职业道德，是教师从事教育劳动过程中应当遵循的行为规范和必备的品德。高校教师不仅是社会的一个成员，更是一个教育者，是学生获取知识和学会做人的教育者。高校教师要起到为人师表的作用。教师的言谈举止对学生的影响很大，所以教师要提高自身的道德素质和职业态度。高校教师应该提升自身的道德素质，要有爱岗敬业的精神，敢于奉献，热爱教育事业，对学生负责，

对社会负责；要有踏实的工作作风、严谨的教育教学态度；要有上进心，刻苦钻研，热爱学习，不断提升自身文化水平和文化知识的掌握情况；要关爱学生，了解学生，尊重学生，诲人不倦，知行合一，言行一致，以身作则，起到引导作用，真正做到为人师表；要有奉献精神，淡泊名利，求知求真，真正做到教书育人。

（二）高尚的人格魅力

高校教师的人格魅力在于自身的教学风格、教学特色对学生的吸引力，自身的真实情感、对待工作的态度和知识的掌握情况都会影响到学生对教师的看法和学习态度，教师在气度和品格上的表现体现着一位教师的人文素质水平。因此，教师的人格魅力和人文素质对大学生的成长起着重要的作用，高校教师要想使教育工作达到预期的效果，最主要的教学目标就是培养“四有”新人。教师不仅要向大学生传授专业知识，还要以自身的人格魅力、人格素质影响到大学生对待学习的态度，对待生活的看法，从而使大学生树立正确的价值观念。其实，高校教师的教学工作不仅是传授知识，还要通过自身的理想、信念、追求、情操等高尚的人格品质不断推动学生进步和发展。所以，高校教师要想提升大学生的人文素质，首先就要做出改变，提升个人魅力，增强专业知识，不断进取，提升自身的文化水平和道德素质，通过自身的言行举止、语言神态潜移默化地影响大学生，促进大学生全面发展。

（三）高超的育人艺术

教育是一门科学，更是一门艺术。教师的首要任务是教学，但是教学不只是教师在台上讲、学生在台下听，这种机械的、传统的教学方式不再适用于现在的教学的发展，现代教学更加注重教学的灵活性和互动性。教学模式先进的教师，自身就是一名演员，能够充分带动课堂，活跃课堂氛围，充分调动学生学习的积极性和热情与信心，营造良好的教学氛围，对于教学内容进行深入的讲解，尊重学生、关爱学生，及时解决学生在课堂上出现的问题，引导学生思考，提高独立思考的能力，不断创新和研发新的教学方式，让学生在充满快乐的教学中学到知识，获得发展。

不仅如此，新形势、新情况使高等教育既面临有利条件，也面临严峻挑战，更是对高校教师育人的水平、能力和技巧提出了更高的要求。因此，高校教师必须注意教育的方式和方法，才能收到良好的教育教学效果。在新时期，由于思想开放性和高速发展性，教师要不断提高综合人文素养，做好服务者，为学生提供积极的思想基调，通过言行举止对教育客体对象产生影响。

（四）强烈的创新意识和能力

我国在教育改革上注重创新和发展，不断提升高校的师资力量，提升教师自身的人文素质和教学能力，不断培养出符合时代发展趋势的教师，推动教育的综合改革，扩大教育的覆盖面和提高教育的水平，让教育事业不断进步发展，为推动社会进步、实施创新驱动发展战略和建设创新型国家提供强有力的支持。

现如今，创新是推动社会进步发展的根本动力，创新能力很大程度上对国家、社会、个人起着决定作用，创新也是现代教育的一个基本发展方向，是高校教育的基本特点，是高素质人才必备的条件。只有自身具有创新精神，才能不断进步，可持续地发展下去。现阶段，为了满足社会发展的需要，培养出高素质、高知识水平的创新型人才，就需要从改变教师出发。高校教师自身也要具有高素质、高水平知识，具有创新意识和创新能力，善于发现并解决教育活动中出现的问题，探索新的教育模式、教育方法，探索新规律，促进教育事业发展。在教学活动中，教师应该充分发挥自身的主观能动性，学会与时俱进，将热点话题与书本知识相结合，用自己的创新想法和思路，激发学生的创新能力，拓宽学生的思维；并根据学生的不同性格特点以及兴趣爱好，做到因材施教，充分发挥学生的长处，培养学生自主学习的习惯；同时，不断创新和改变教学内容和教学方法，营造良好的教学环境。

（五）良好的语言表达能力

思维不能脱离语言和文字存在。高校教师是知识的传播者，也是学生思想政治教育的引导者。所以，教师需要具有良好的语言文字表达能力，从自身做出改变。教师的语言是知识传播、思想交流以及心灵沟通的载体。教师向学生传授科学文化和人文文化知识主要是通过授课来实现，教学效果受到语言展现形式的影响，所以语言表达是教学效果实现的前提条件。

第三节　提高高校师资队伍的人文素质的措施

一、不断优化和充实从事人文素质教育的专业师资队伍

学校要提高师资队伍力量，就要拓宽师资引进渠道，积极鼓励人文水平高的教师对学生开展人文素质教育活动，通过自身的高人文水平潜移默化地影响学生的发展。学校在制订教学任务时要根据学生人数、教学目标对教师进行考核，要制订人文素质教育教师聘任资格标准，明确准入标准，完善教师内部的管理体制，明确保障机制。高校在引进教师方面，要注重人才选拔，积极寻找和聘请文理科优秀的人才，引进高学历、高素质的教师来丰富师资队伍。

二、建立和完善人文教师队伍培训体系，加强人文师资队伍建设

学校既要重视专业教师队伍建设，也要注重人文师资队伍建设，要采取脱产进修、攻读学位、名师指导、社会考察、学术交流等方式，加强对高校教师的培训，多层次、多领域、多方面地对教师进行人文素质教育，深化教育的发展模式，不断发展和提高教师的人文素质，加强高校师资队伍建设。

三、制订人文师资培育计划，加强对专业教师的校本培训

高校要紧随时代发展趋势，根据学校的实际情况，进行有组织、有计划的教师培训活动，推行人文素质教育的专项培训计划，聘请外校专家学者到本校举办文学讲座、历史讲座、艺术讲座、音乐讲座等一系列的人文讲座。通过对高校教师开展人文教育活动，为教师树立正确的价值观念，不断进步、不断学习，广泛接受人文素质知识，完善知识结构，加强对人文精神的培养，不断提高教师的人文素质。

四、建立教学考评机制，激励教师完善自我

建立切实可行的教学考评机制，可以激发教师的竞争力，激发教师不断学习、不断发展的动力，促使教师提高自身的主观能动性。学校应该将教师的师德师风、知识水平、语言表达能力等纳入教学标准，同时，也要注重学生对教师的评价，学校教学评估体系要不断完善，形成一套专业的标准，建立完整的教学考核标准。通过建立教学考评机制，强化教师对专业课程的重视以及自身人文素养的提高，既要加强对专业知识的学习和掌握，也要提高人文素质，建立完整的知识架构，提高教师自身的综合能力和素质。

五、建立人文素质师资培训经费投入保障机制

人文素质教育工作必须有足够的资金作为支撑，一切活动的开展都需要资金的支持。同样，引进优秀教师、强化教师的人文素质都离不开资金的保障。高校应该把人文素质教育活动中使用的资金都纳入学校预算，在人、财、物等方面的投入都以资金为保障，切实解决人文素质教育师资队伍建设中出现的问题，保证高校人文素质教育工作顺利进行。

第六章　高校人文素质教育课程结构改革的探索

第一节　引入文学艺术教育

高等教育的主要目标就是培养和造就德智体美劳全面发展的人才。这个目标单靠科学教育显然是无法达到的，文学教育在陶冶情操、塑造人格、建设精神家园以及潜移默化地培养学生的人文素养等方面，有着无法替代的作用。

一、文学艺术教育的基本原理

（一）文学与文学教育

从广义的角度来看，文学“是指一切口头或书面的语言行为和作品，包括今天的文学以及道德、政治、哲学、历史等一般文化形态”，即泛指广义的文化过程。从狭义的角度来看，文学是指具有审美属性的语言行为及其作品，包含情感、虚构和想象等综合因素，包括诗歌、散文、小说、剧本等，将文学与其他文化形态如哲学、政治、历史、道德、法律等区分开来。文学与一般文化形态不同，具有特殊的审美属性。

也有学者从多方面、多角度对文学进行定义。例如，从人类学的观点而言，把文学看成是人的活动，即人的生活活动，人的生活活动是对人“本质力量的确证”，认为文学活动作为人的精神性生活活动，是人的本质力量的对象化；从哲学的观点而言，文学是作家对于生活的反映；从现代经济学的观点而言，文学是一种艺术生产活动；从社会学的观点而言，文学是审美意识形态；从媒介和符号的观点而言，把文学理解为一种交往和对话。

长期以来，在我国普通高等教育中，文学常常作为一种文化知识和专业知识向学生传授，而它作为艺术对学生陶冶情操和塑造性格的功能却被淡化了。其实，就文学的本质而言，它和绘画、音乐等艺术种类一样，都是审美的艺术形式，因而同样具有艺术教育的功能，应该纳入艺术教育范畴，是大学生人文素质教育的重要内容和手段之一。

（二）艺术与艺术教育

何谓艺术？艺术是人类情感的化身。艺术是人类以情感和想象为特性，来把握和反映世界，表示对世界及自身，以及对二者关系的看法的一种特殊方式。它通过审美创造活动再现现实和表现情感理想，在想象中实现审美主体及客体的相互对象化。通俗地说，艺术就是人的知识、情感、理想、意念等综合心理活动的有机产物，是人们现实生活和精神世界的形象表现。因为人类的某些经历是难以用言词来表述的，为了表述这些深存于内心的最强烈的感情和思想，人们使用一种称为艺术的更敏锐、更精巧的语言。例如，用形象来反映现实，但比现实更有典型性的社会意识形态，包括文学、绘画、雕塑、建筑、音乐、舞蹈、戏剧、电影、曲艺、工艺等。

对于艺术，通常可以从三个层面来认识。一是从精神层面，把艺术看作文化的一个领域或文化价值的一种形态；二是从活动过程的层面来认识艺术，认为艺术就是艺术家的自我表现、创造活动，或对现实的模仿活动；三是从活动结果层面，认为艺术就是艺术品，强调艺术的客观存在。一般认为，艺术是人们把握现实世界的一种方式，艺术活动是人们以直觉的、整体的方式把握客观对象，并在此基础上以象征性符号形式创造某种艺术形象的精神性实践活动。它最终以艺术品的形式出现，这种艺术品既有艺术家对客观世界的认识和反映，也有艺术家本人的情感、理想和价值观等主体性因素，是一种精神产品。

艺术的种类繁多，根据不同的分类标准，可将艺术分为以下几种类型：依据艺术形象的存在方式，可分为时间艺术、空间艺术和时空艺术；依据艺术形象的审美方式，可分为听觉艺术、视觉艺术和视听艺术；依据艺术的物化形式，可分为动态艺术和静态艺术；依据艺术分类的美学原则，可分为实用艺术、造型艺术、表演艺术、语言艺术和综合艺术；依据艺术形象的表现方式，可分为表现艺术和再现艺术；依据艺术行为的表现方式，可分为行为艺术、肢体艺术，等等。

关于“艺术教育”也有许多解释。例如，理论家从艺术教育的“终极本质”方面，认为“艺术教育是一种审美教育”，“审美，根本上是人的一种基本的生存方式，其最终意义在于它的人生价值……”教育家从确立艺术教育的地位和目标方面，将艺术教育概括为“艺术教育是美育的核心，是素质教育的重要组成部分，它的根本目标是培养全面发展的人”。还有学者对艺术教育的人文属性进行注解，认为“作为人文教育范畴的艺术教育，既能有效地培养学生的人文精神，又能有效地丰富学生的情感”。

此外，从哲学、美学、艺术学、教育学、美育学等不同学科角度，对“什么是艺术教育”有着更为复杂的解释和定义。

但无论怎样解释和定义，有一点是非常明确的，即艺术不是“学说”，不是“理论”。艺术学的论证逻辑也不能直接搬来充作艺术教育的规律。艺术就是鲜活、生动的艺术自身。艺术具有一定表现意义和社会价值，是以“作品”的形式存在并呈现于人们面前的。没有具体的作品，何谈艺术？就如同没有音乐作品，就没有音乐；没有绘画、雕塑、工艺、设计等作品，就没有美术。唯艺术作品，才是艺术的本体。因此，艺术教育当是艺术的教育，通过引导学生对艺术作品的欣赏、模拟与创作来实现艺术的教育。

（三）文学艺术教育的内核

文学艺术作为人类一种重要的精神活动方式，正是用来满足人类精神需要的。因此，文学艺术教育的精髓在于人文，文学艺术教育对于提升大学生的人文精神起着其他学科教育不可替代的作用。

文学艺术教育的内涵，就是通过文学艺术的教育来“完美人性”。强调文学艺术教育要以人为主，重视人的自主性。而文学艺术教育系统是非常复杂的，它的复杂性归根结底是由人的发展的自主性决定的。文学艺术教育的对象是一个个活生生的人，文学艺术教育的内容是关于“人”的生活与情感。人是具有复杂性和能动性特征的，这就要求在具体的文学艺术教育过程中避免片面的知识说教。把知识体系静态式地传授给学生，忽视学生的体验与参与，文学艺术教育中所蕴含的人文精神和人生意义也就无法在学生心中生根，从而丧失了文学艺术教育的人文光彩。因此，在文学艺术教育的过程中，必须充分注意到人的自主性和人的复杂性，不能以机械的方式来从事文学艺术教育工作，而应该遵循“大道至简”的教育规律。

文学艺术是有关人学的学问，其内涵丰富多彩、灵动多姿，涉及的人类内在世界是复杂多变、深厚含蓄的。例如，王国维认为文学不像图画、雕刻、音乐、建筑等其他艺术作品可以直接呈现于人们的眼前，而是需要通过语言文字的中介“唤起人之直观”。因此，文学的教育价值就转化为“全存于其能直观与否”，而古代“诗人所以多用比兴者，其源全由于此也”。“泪眼问花花不语，乱红飞过秋千去”是非常熟悉的诗句。其中，“花不语”“乱红飞过秋千去”都是能观可感的“景”象，通过这句诗，可以深切地感受到主人公浓浓的愁恨。而“泪眼问花”，则可直接描绘出主人公的形象了。文学写的是人生，文学是人生的教科书，所以在文学作品之中，可以得到“人生完全之知识”。

文学艺术作品的直观可感，体现了文学艺术教育的重要价值。这就要求在文学艺术教育中把握住文学艺术的独特性，避免概念性思维。概念思维方式的性质是一种抽象化思维，事物一旦被抽象，在思维上就变成了形式化的东西，而形式化的结果就会导致鲜活而具体的充溢着人文精神的文学艺术世界变得枯燥乏味、暗淡僵硬。即使对大学生而言，在很大程度上他们都是借助形象来进行思维的，形象思维在其思维方式中占有主导地位。文学艺术教育就是要借助音乐、美术、文学教育以及大自然，通过绚丽多彩的色彩、舒心悦耳的声音、生动流畅的线条、妙趣横生的故事来表现事物的美。任何课程都存在着美，文学艺术教育就是引导学生去挖掘美、发现美、欣赏美。通过音乐中优美动听的旋律，绘画中流畅的线条和绚丽的色彩，舞蹈中欢快的节奏，文学作品中的感人情节和美的意象，多方位调动学生观察、思考、表达的兴趣，引导他们尝试艺术创作、艺术表演，使学生整个学习过程处在美的氛围中，从而获得更强烈的审美愉悦，同时也不断提高学生的审美能力。

二、文学艺术教育的功能

（一）审美功能

当我们在评价与实施文学艺术教育时，只是产生了它是否有益于德育、智育的考虑，或把文学艺术教育仅仅看成是德育、智育的一条途径、一种手段，把文学艺术教育的目标确立为德育、智育的目标，这种文学艺术教育便很难再有审美的性质，这样的教育实际上已不再是真正的文学艺术教育了。

实际上，把文学艺术纳入一定社会的教育体系，强化文学艺术自身具有的教育功能，是我国传统人文素质教育的重要组成部分。例如，先秦时期的文学作品中即普遍具有强烈的文学教育功能意识。孔子是先秦第一位对文学教育功能做出重要论述的教育理论与实践家。孔子曰：“小子何莫学夫诗？诗，可以兴，可以观，可以群，可以怨。迩之事父，远之事君，多识于鸟兽草木之名。”在这里，孔子把诗的教育作用归为兴、观、群、怨、事父、事君、多识七个方面，涉及文学的政治、审美、认识等方面的教育功能，奠定了儒家文学功利性教育功能价值论的基础。另一部古代典籍《国语·楚语上》对此也有明确记载，春秋时楚国贤大夫申叔时谈教育太子的方法和内容时说道：“教之春秋，而为之耸善而抑恶焉，以戒劝其心；教之世，而为之昭明德而废幽昏焉，以休惧其动；教之诗，而为之导广显德，以耀明其志；教之礼，使知上下之则；教之乐，以疏其秽而镇其浮；教之令，使访物官；教之语，使明其德，而知先王之务用明德于民也；教之故志，使知废兴者而戒惧焉；教之训典，使知族类，行比义焉。”这更是将历史、礼乐、政治等教育功能与文学教育功能融为一体，具有强烈的文学艺术教育功能意识。

文学艺术的审美功能，是文学艺术教育功能的基础，从某种程度而言，文学艺术的教育功能是文学艺术审美功能的体现。文学艺术教育，就是通过大量的文学艺术作品的欣赏与品评，去体验、感受这种美，培养和提高大学生的审美趣味和审美能力。例如，通过文学作品的阅读培养学生的审美感知能力，因为审美感知能力是最基本的审美能力。

古典诗歌是中国文学的精华，以优美的语言形式，创造了灵动鲜活的审美意象和情景交融的审美意境，让欣赏者玩味其中，流连忘返。如对盛唐边塞诗和田园诗的对比欣赏中，欣赏者便是凭借自己的感知能力去捕捉诗中那绘声绘色的形象画面："平沙莽莽黄入天""随风满地石乱走""大漠穷秋塞草腓""旌旃逶迤碣石间"；"春眠不觉晓，处处闻啼鸟""明月松间照，清泉石上流""举头望明月，低头思故乡"。黄色的沙，怒吼的风，乱滚的碎石，连绵的旌旃；鸟啼春晓，月照松间，泉流石上。声音、色彩、线条、动感，无不被欣赏者所感知，并在整体心理功能的协调下，"完形"为一幅幅有声有色的意象图画，而且从中引出或苍凉伟岸、或激昂动荡、或恬静悠然、或柔美和谐的情感体验。在这种对比的审美观照中，欣赏者对审美对象形式的把握能力，包括色彩感、线条感、韵律感以及各种感觉沟通渗透后形成的"通感"等具体感知能力都得到了培养和强化。

文学的艺术形式有许多要素，除了形象生动的文学语言，还有千变万化的作品结构、魅力无比的表现手法、独具特色的体裁样式等，在对这些充满艺术之美的感受体验中，学生的审美能力得到了培养训练，并丰富、成熟为某种创造的能力。

（二）教化功能

文学艺术不仅是一种审美形态，还是一种社会意识形态，是社会生活的反映。因而在文学艺术中不仅蕴含着美，还蕴含着大量真和善的理性内容。这样，由于媒介本身具有的巨大的认识价值和教育价值，使得文学艺术教育具有强化、充实、完善人文智慧和思想道德的功能。文学艺术不但给人以美的享受，还给人智慧和力量，增加大学生的理性精神。例如，文学作品作为一种话语产品，最为基本的文化特性之一就是它为人类捕捉真理。在文学艺术教育中，现代大学生是一个有着强烈求知欲的读者群，他们在文学这座博大精深的人文智慧宝库里，可以了解客观世界，丰富生活经验，洞悉人生真谛，从而指导自己在生活的道路上认清使命，把握规律，坚实地走下去。此外，中西方的古代先哲们常常把生活智慧凝结在寓言里。他们运用夸张、拟人等表现手法，在一个个短小精悍、通俗易懂的小故事里，阐幽发微，启迪人们清醒地、明智地对待生活。古希腊寓言家伊索的著名寓言《农夫和蛇》和中国古代寓言《东郭先生》异曲同工，都是告诫人们不要怜惜像蛇和狼一样的恶人，让人感悟到除恶务尽的生活道理。这些作品好像镜子和路标，为人指点迷津，让人引以为鉴。

文学艺术不但是智慧的宝库，而且是力量的源泉。在那些优秀的文学作品里，总是高扬着人类真善美的旗帜。在文学艺术教育中，作为受教育者的现代大学生，在与文学作品的思想情感进行交流感应的过程中接受其积极影响，使自己的思想飞跃，道德完善，境界升腾，从而变得高尚起来。《离骚》中屈原“路漫漫其修远兮，吾将上下而求索”那种为了实现美政理想而“九死未悔”的精神；陆游、辛弃疾诗词中流露出的浓烈的爱国情怀；鲁迅小说中百折不屈的反封建精神；《红岩》中可歌可泣的英雄主义；《浮士德》中积极进取的人生追求；《老人与海》中的“硬汉”形象……都可以在文学艺术教育中使大学生获得思想道德修养的巨大收益。

文学艺术是一部百科全书，它可以使受教育者从中采撷生活智慧、感悟人生启示、进行历史反思；同时，文学艺术又是一部教科书，教导受教育者树立理想信念，去追求进取，去奋斗实现。例如，音乐以婉转悠扬的旋律、变幻无穷的节奏、丰富多彩的音色、立体交叉的和声、巧妙精致的结构织体，严密完美地交织在一起，以特有的方式撼动人们的心灵，对人们复杂的内心世界产生直接的感应作用。因此，音乐成为培养学生美感能力、发展形象思维、认识社会的主要手段。成功的音乐作品能通过典型形象，生动深刻地认识社会，这种认识富于理想，充满激情，并能获得深刻持久的效果。我国古代音乐著作《乐记》中有这样的论述：音乐的功能“清晴像天，广大像地，终始像四时，周旋像风雨，五色成文而不乱，八风从律而不奸，百度得数而有数。大小相成，始终相成，倡和清浊，迭相为径，故乐行而伦清，耳目聪明，血气和平，移风易俗，天下皆宁”。

据《晋书·乐志》记载：“是以闻其宫声，使人温良而宽大；闻其商声，使人方廉而好义；闻其角声，使人恻隐而仁爱；闻其徵声，使人乐养而好使；闻其羽声，使人恭俭而好礼。”把音乐中的“五音”与人的性情教育紧密联系在一起，可见，古人早已认识到音乐艺术具有陶冶人思想情操的特殊作用。音乐艺术教育所展示的艺术美，不仅能启迪学生审美的感受力、鉴赏力、想像力、表达力和创造力，而且能促进心理平衡、身心健美，使学生的情绪情感得到和谐的调节及控制，从而规范他们的行为习惯，形成优良的思维品质。《乐记》云：“审乐以知政，而治道备矣。”荀子认为音乐可以“正身行、广教化、美风俗。”优美高尚的音乐，蕴含着潜移默化的高尚情操，声情并茂的音乐艺术是塑造学生灵魂的有力手段，对学生的精神起着激励、净化、升华的作用，能让学生逐渐形成正确的审美观，培养感受美、鉴赏美、表现美和创造美的能力，提高分辨真假、美丑、善恶的能力，使学生在思想道德、性格情操以及自身修养等方面发生变化，培养一种爱憎分明的道德情感和自觉的道德信念。

文学艺术教育属于上层建筑，属于精神文明的范畴。因此，加强文学艺术教育是精神文明建设的一个重要环节。我国古代就提倡礼乐治国。所谓礼，即指行为规范，乐就是精神陶冶。人的精神境界的提高，不能只靠主观的自我修养，还必须通过教育和外界的影响去实现。把行为规范和文学艺术的陶冶结合起来，也是我国教育的一种优秀传统。

（三）情感教育功能

文学艺术是人类情感的载体，是人类情感得以表现、寄托的一种生命形式。因此，文学艺术创作、文学艺术欣赏这种审美活动，又是一种情感体验和情感评价活动。在文学艺术教育中，学生可以通过对不同类型、不同风格的文学艺术作品进行审美方式的阅读，获得不同的审美情感体验，并由此对作品表现的真善美或假恶丑进行情感评价。这一过程不仅能够获得精神的愉悦和情感的满足，而且还可以净化情感，塑造心灵。例如，在文学语言营造的境界中，“死”是一个永恒的话题。关于“死”有数不清的豪迈诗句：“人生自古谁无死，留取丹心照汗青”；“死去元知万事空，但悲不见九州同”。这些“死”之境界，或高风亮节，或深深遗憾，或大义凛然，或慷慨就义。生命可以终结，但终结的同时是主体精神的高扬。视死如归的豪迈，唤起的是欣赏者奋发进取的激荡情怀。

通过文学艺术作品欣赏教育，使现代大学生在审美的体验和享受中，既可感觉到中西文化底蕴的深厚，又可涤荡浮躁的心灵，消减面对诱惑时的迷惘。文学艺术作品对于文学艺术教育的重大意义在于，它不仅是作者凝聚意念、呈现意境的场地，也是读者最大可能贴近作者个性意念并体验意境的基础，同时，它还是作者与读者不同个性意向得以交融的唯一依托。经典文学艺术作品具有持久而普遍的人文对话生命力，它包含着人文精神深层核心结构，其跨越时空的广泛共鸣影响区别于喧闹一时的流行文化作品。文学艺术教育的基本目标，是人文意境的感染与创造性思路的摹习启示。深入赏阅和诠释优秀文学艺术作品，是一个浸沉作品思路、与作者共同思想的过程，是实现文学艺术教育基本目标的最佳途径。

三、文学艺术教育的实施途径

文学艺术教育，就是通过文学艺术作品，运用文学艺术欣赏与文学艺术创造的规律，去影响学生的感官和心理，培养学生敏锐的感知能力、丰富的想象力、直觉的洞察力和创造力的教育活动。然而，通过哪些途径，运用怎样的方法和具体措施，方可真正实现文学艺术的教育功能，这是目前我国众多教育者思考的一个焦点问题。

（一）文学艺术教育的目标

我国传统人文素质教育的目标是培养“君子”。所谓君子，就是指那些既要有道德、有修养，还要有才能，并对社会有益的人才，而这一目标需要通过文学艺术的教育手段方可完成。在我国历史上，首先明确提出塑造和培养“君子人格”的是孔子。

孔子把艺术境界看作人生的最高境界，特别是对其弟子的人格境界的培养尤为重视。在坚持以“仁”为核心的伦理道德思想的基础之上，提出了一系列人格修养方法，其中“志于道，据于德，依于仁，游于艺”贯穿整个教育理念。孔子认为人生的目标在“道”，根据在“德”，依靠在“仁”，而后游憩于“礼、乐、射、御、书、数”六艺之中。就是要弟子们树立远大的目标，把德当作行为的根据，把仁当作处世行为的方法，最后落实到具体的本领上，这与德智体美劳全面发展的现代教育观十分吻合。德智体美劳全面发展是人类教育的总体方针，文学艺术作品是德育的载体，文学艺术教育是德育的一种手段、方式和方法。孔子说：“知之者不如好之者，好之者不如乐之者。”意思是知道应该怎么做不如爱好这么做，而爱好这么做不如以此为乐事。将它应用于德育，即知道应该遵守什么样的道德规范，不如以道德品质和道德情操的追求为自己的幸福并乐在其中。文学艺术教育不以说教和训诫为手段，而是依靠形象的力量向人们揭示什么是真善美，什么是假恶丑，因而更容易为学生接受。实际上，文学艺术教育本身在某种程度上就是德育，文学艺术教育能够引导出德育的效果，促使人产生对真善美向往的感情，进一步激起对人类崇高行为竞相仿效的愿望，从而实现德育的任务。

总之，先秦文学，乃至中国文学中蕴含着丰富的美的因素，具有很高的审美价值，从而承载了强烈的审美教育功能。例如，作为一个现代大学生，至少要了解中华民族最基本的精神和主要思想；中华民族屹立于世界五千多年，创造了丰富多彩的中国古代文化。中国古代文化虽然经历了盛衰变迁，但始终延续不绝。中华民族之所以能在几千年中保持强大的凝聚力而自立于世界民族之林，最根本的原因是中国传统文化中的优秀部分培育出了中华民族特有的民族精神。这些民族精神已经成为中华民族的遗传基因，渗透到中国人的血液之中。足以证明，中国古代文化必然存有一种一以贯之、不可替代的基本精神。这些精神包括：

1.刚健自强的基本精神

中国文化的基本精神，应是以孔子思想为主体的儒家文化所提倡的刚健有为、自强不息的处世原则。

2.博爱大众的群体精神

先秦诸子中的两大显学，儒家与墨家都提倡“爱众”。孔子主张“仁者，爱人”，墨子提倡“兼爱”，其理想境界是“天下之人皆相爱，强不执弱，众不劫寡，富不侮贫，贵不敖贱，诈不欺愚”。仁爱精神体现在中华民族先人后己、助人为乐、救困济贫、爱民抚众的行为之中。天下为公则是博爱大众的理想境界，它既是儒家政治理想的最高境界，也是中国人民的一贯追求。中国传统思想则强调“天人合一”，认为人与自然、人与社会是一个整体，两者应相互协调、和谐一致；在重视天时、地利时，更强调人和；倡导为国家、为民族、为社会、为人民的整体精神。可以说，中华民族的基本精神都是围绕这一根本精神而展开的。

3.厚德载物的宽容精神

《大学》云：“古人欲明明德于天下者，先治其国；欲治其国者，先齐其家；欲齐其家者，先修其身；欲修其身者，先正其心；欲正其心者，先诚其意；欲诚其意者，先致其知；致知在格物。”这里所说的“格物、致知、诚意、正心、修身”，是追求人内心的修养完善；“齐家、治国、平天下”则是为政治民，追求理想的社会。两者合起来就是庄子所说的“内圣外王”。另一方面，厚德与宽容是相互作用、相辅相成的。如《论语》所云：“君子尊贤而容众。”事实说明，只有发扬“厚德载物”的精神，才能强我中华，为全人类作出更大的贡献。

4.求真务实的实践精神

孔子很早就提出“知之为知之，不知为不知”的实事求是精神。孔子主张“言必有中”，就是说话要中肯。墨子提倡“言必信，行必果”，要求做人要言行一致。这种求是务实、身体力行的精神成了中华民族的优良传统品德。

5. 追求理想的进取精神

在中国传统文化中，把追求理想、完善人格作为人生最高的精神境界，看作实现自我需求中的最高精神需求。孔子说：“朝闻道，夕死可矣”“学而时习之，不亦乐乎”“发愤忘食，乐以忘忧”“仁者不忧”等，体现了儒家追求真善美的高度统一和以善为核心的精神追求。历史上的哲人都十分讲求人格的自我完善和道德的自我实现，主张“见贤思齐，见不贤而内自省也”“吾日三省吾身”；追求“天下有道，以道殉身；天下无道，以身殉道”；立志“为天地立心，为生民立命，为往圣继绝学，为万世开太平”“富天下，强天下，安天下”。这种积极向上的精神，已成为中华民族特有的价值追求和中华民族前进的不竭精神动力。除此之外，今天的人文底蕴还应该包括科学的态度和精神，即探索的精神、怀疑的精神，承认传统的同时又勇于创新的精神；是坚持用科学和理性来考察和验证信仰、求真务实和想象力、抽象力的结合；是不断超越今天、超越自我的迸发，也就是与时俱进，追求卓越。

由此可见，增强现代大学生的人文底蕴，首先就要从提高写作能力和文学艺术的阅读鉴赏水平，以及审美趋向和品味等方面入手，加以训练。这既是文学艺术教育的主要内容，也是提高大学生人文素养的重要手段之一。

（二）实行文学艺术教育的具体措施

我国“礼乐合一”“诗教与乐教并重”的传统人文教育，实际上就是今天所提倡的文学艺术教育。通过注重君子人格的培养，加强对万世楷模的景仰与学习，使当代大学生明确文学艺术教育的基本内容与途径。然而，还需有一些具体的措施与手段，即通过对文学艺术作品的欣赏、创作来实现文学艺术教育功能。

文学艺术作品欣赏是实现文学艺术教育的重要手段之一。学生在欣赏艺术作品的时候，会为其中的人物、行动、情景、事件、寓意所吸引，从而产生强烈的感情反映，即文学艺术所提供的真善美、假恶丑的不同形象，能够使学生明辨是非、分清善恶，并在对比中受到教育，以至改变自己的思想和生活道路。

在对现代大学生实施人文素质教育的过程中，给他们施以恰当的、积极的文学艺术教育，让他们接受健康的文学艺术作品，对他们的人文精神能起到很好的熏陶作用，使他们在潜移默化中树立起正确的世界观和人生观，并形成高尚的情操。

艺术作品的欣赏也可起到同样的效果，例如，音乐欣赏是通过听觉感受音乐，从中获得音乐美的享受，并得到精神的愉悦与满足的一种艺术活动。就一般人而言，其感受音乐的能力要远远超过创造和再现音乐的能力。没有专门学习过作曲的人，创作不出声部众多、布局严谨、优美动听的乐曲；没有接受过演奏演唱训练的人，难以演奏、演唱出技巧性很强的乐曲。但是只要稍加指点，这些人就能对音乐有不同层次的领悟。所以，音乐欣赏是绝大多数人在生活中拥有音乐、参与音乐的主要方式。同时，音乐欣赏也是进行音乐教育的一种重要手段，音乐欣赏可以使受教育者有机会接触更多的音乐作品，扩大音乐眼界，培养音乐审美情感，提高音乐审美能力，从而促进人的全面和谐发展。音乐欣赏活动看似是一种被动的接受行为，但事实上是一种积极的主体性创造活动。如果将谱曲看作第一度创作、演奏演唱是第二度创作的话，那么音乐欣赏就可以看作第三度创作。音乐欣赏是欣赏者主体的意识活动，在音乐欣赏的过程中，欣赏者不可避免地要把自己的主体意识渗入到欣赏对象中，不断地将自身的情感与想象投入到所欣赏的客体——音乐作品中，用幻化的意向去充实音乐的内涵。正因为音乐欣赏是一种创造性活动，所以音乐欣赏作为一种教育手段，可以起到培养和发展人的想象力和创造力的重要作用。

培养文学艺术作品的创作能力，也是实现文学艺术教育的重要措施。如果说文学艺术欣赏是在阅读和品味中体验生命情感的话，那么，文学艺术创作就是在艺术表现的过程中抒发生命情感。文学艺术创作的整个过程都浸染着情感色彩。例如，对于一个书法创作者来说，能够用线条的不断变化来表达自己的情感，情感作为创作活动中的重要心理因素，渗透到整个艺术构思的活动中，创作者对客观现实在某一阶段也持着特定的情感态度。书法是线条艺术、造型艺术，更应该是情感艺术。作为书法创作者，什么样的笔墨、什么样的人品、什么样的素养以及什么样的情感就构成了什么样艺术风格的作品。于是，作品就有了清雅、冷艳、雄伟、奔放等众多不同的风格。一幅书法艺术作品就是书法创作者心理情感活动的表现。由此，情感的变化亦即跃然纸上。情感在书法艺术中也能够得到充分的体现：凡是带有明显的横向线，通常表示安闲、和平与宁静；斜线在一幅作品中通常包含着运动；锯齿状通常包含着痛苦与紧张；圆线或弧线则较圆满而完美。由此可见，线条的变化就是情感变化的表现。一幅好的书法艺术作品能给人以美的感受和遐想，而书法美的本质正是书法创作者本质力量的对象化的产物，是表现审美情感的艺术形式，也是以笔墨点画形成造型手段，通过创造性的审美形象来表现书法家的精神、气质，熔铸和渗透着书法创作者的思想感情、学识修养等。“天下第一行书”《兰亭集序》的作者王羲之被世人称为“书圣”，所书的《兰亭集序》的文意和书法正是他当时无志仕途、乐在山水、集聚群贤、饮酒赋诗、雅兴至极、挥毫即就的真实写照！正是因为有这样的情感，他才能写得如此自然、毫无雕饰、遒劲飘逸、妙趣天成。而被称为“天下第二行书”的《祭侄文稿》则“合情于纸上”，创作时颜真卿年已半百，这幅作品气势磅礴，悲壮之气溢于字面，可见其力、其悲、其哀。

在文学艺术教育中，简单的文学艺术创作训练过程，也是对现代大学生进行情感陶冶的过程，以使其能够弃恶向善，以高尚的情感把握生活，实际上就是创作者高尚人格的投入和美好情操的追求。

一般而言，在现代社会中，文学艺术教育这一概念，有着两种不同的含义和内容。从狭义上讲，“文学艺术教育”常常被普通人理解为对于培养文学家、艺术家或专业艺术人才所进行的各种理论和实践教育，如戏剧学院培养出编剧、导演和演员，音乐学院培养出作曲家、歌唱演员和器乐演奏员等。从广义上讲，“文学艺术教育”作为美育的核心，其根本目标是培养全面发展的人。文学艺术教育作为美育的核心内容，能够普及文学艺术的基本知识和基本原理，提高大学生的审美修养和鉴赏能力，培养健全的审美心理结构；促进道德的完善和智力的开发；

发展人的感知、理解、创造等诸种能力，为社会培养全面发展的人。

文学艺术教育之所以在整个教育体系中有着特殊的地位与作用，就是它可以培育和健全人的审美心理结构，培养人们敏锐的感知力、丰富的想象力和无限的创造力。文学艺术活动作为人的一种高级精神活动，能够极大地促进和提高人的思维能力。在文学艺术创作和欣赏这种自由的精神活动中，人的创造力也可以得到充分的发挥。《礼记·乐记》记载：“凡音之起，由人心生也。人心之动，物使之然也，感于物而动，故形于声。”这段话是说明音乐的起源，而音乐的起源实际上就是一切文学艺术的起源，也可以说，人的情感活动源于客观世界，是“物使之然也”。而客观事物只有与人发生关系，才能使人产生情感活动。所以，历来的思想家、教育家都十分重视文学艺术对于人的情感陶冶和净化作用，强调通过文学艺术创作教育来培养人们美好、和谐的情感和心灵，实现完美人格的建构。

文学艺术教育之所以具有这种情感调节作用，主要有两方面的原因：一方面，文学艺术虽然诉诸人的情感，却又不止于情感，其中包含大量的认知因素和伦理因素，对于情感的升华与调节有着极大的能动作用，即所谓“以理节情，以理导情”；另一方面，文学艺术虽然表现人的情感，却又不是情感本身，而是情感蕴藏于审美的形式结构之中，是情感的形式化、物态化，当其物态或形式与个体的情感体验模式产生共鸣时，文学艺术作品中思想情感与处于其中的个体的心理世界便会产生互动效应，于是产生了影响。

那么，如何实施对不同专业的大学生进行文学艺术创作的教育？

其一，要教育学生学会想象。想象是文学艺术的创造和接受机能，文学艺术创作的过程，正如陆机《文赋》所说，是一个“耽思旁讯，精骛八极，心游万仞”；如刘勰《文心雕龙·神思》所说，是“神与物游”“思接千载”“视通万里”；如王国维《人间词话》所说，是“羚羊挂角，无迹可寻”的构思过程；文学艺术欣赏的过程，是一个“一千个读者就有一千个哈姆雷特”的“合成”过程。想象就是创造，所以，文学艺术创作被称为“一度创造”，文学艺术欣赏被称为“二度创造”或“再创造”。由此可知，想象是创造之源。在文学艺术教育中，要加强大学生文学艺术欣赏和创作训练，最终实现创新精神和创造能力的培养与提高。例如，在文学艺术教育中，语言材料的特殊性，不同于绘画的色彩和线条，也不同于音乐的旋律和节奏，它所创造的间接形象必须在想象中才能实现。

其二，文学艺术的想象是在灵感和热情的感发下进行的，使人进入一种境界，把不在眼前的事物浮现于脑海之中，创造出能唤起人们想象的意象。而想象同时又是贯穿在文学意象创造和文学欣赏再创造的整个过程之中，艺术教育通过文学创作训练和文学欣赏操作，可以直接培养大学生的审美想象能力，如文学创作教育中的艺术构思、造像赋形的“编织故事”“跨时空组合”“为情感造像”“变形”等形式的强化训练，文学艺术创作教育中的“情景描述”“意蕴生发”“意象创造”等方法的强化训练，等等。

总之，把文学艺术纳入教育范畴，开展以文学艺术为媒介的教育，充分开发并运用文学艺术的教育功能为人文素质教育服务，具有广泛的应用价值。可以其鲜活独特的内容和形式，通过培养人的能力、提升人的境界、塑造人的灵魂，实现造就高素质人才的伟大目标。

第二节　引入史学教育

人文素质教育的深层内涵有赖于人的自我反思的操作能力和温故知新的鉴别能力，故史学教育不可或缺。通过人文素质教育，可以使大学生获得正确的世界观和人生观，提升对道德理想和精神价值的渴望与追求，实现对自我的超越和对社会的把握。从这个意义上讲，史学在人文素质教育中扮演着十分重要的角色，是人文素质教育的有力支撑。

一、史学教育的内涵与功能

（一）史学教育的内涵

“历史”从内涵上可归纳为两种：一是指独立于人们的意识之外的人类过往社会的客观存在及其发展过程；二是指人们对这种客观存在及其发展过程有选择、有意识的记录，是人们对过往的世界进行探索和描述而创造出来的精神产品。杜维运就曾经在这个层面上定义“历史”，他说：“一般来讲，所谓历史，不外是以往实际发生的事件（简言之为往事），或者是以往实际发生的事件的记录（往事的记录）”。“史学”从“历史”中脱胎而来，它是在一定的理论和方法的指导下对历史进行的专门性研究，以期“复原”历史的现场，丰富人们的认识。以往人们对史学的定义与对历史的定义往往是同一的，很少有人对两者进行严格的概念上的区分。英语中“历史学”和“历史”是同一个词：History。

中西方对史学的认识所经历的过程基本相同。中国古代的“史学”概念亦从对“史”的认识发展而来。据瞿林东先生的研究，大体说来，中国“史学”的含义经历了史官、史书、史事、史学的发展过程。中国现代意义上的“史学”则诞生于19世纪末20世纪初。在史学发展进程上，作为人类过往社会客观存在的“历史”与作为一种专门性学问的“史学”最后实现了分离，这是历史学家经过数千年探索的结果，亦是在史学认识上的一次飞跃。

尽管可以在概念上进行界分，但过往的客观历史存在、被选择性记录下来的历史事实以及作为一门专门性学问的“史学”，这三者之间在历史的发展进程中往往交织在一起。研究者对历史的解释会对从事具体社会生产生活实践的人们产生或多或少的影响，而这些受历史研究者的解读影响的“历史”，反过来又成为后来的研究者要面对和讨论的对象。

就其性质而言，因历史学家考察的角度和出发点不同，对史学的含义有“科学”说、“解释”说、“艺术”说等不同的界定。“科学”说在西方有深厚的土壤。以德国史学家兰克为首的实证学派相信，只要充分掌握和尊重史料，就可以恢复历史的原貌。他们认为“不是我在说话，而是历史在借我的口说话”。这样的历史观，其实背后深受经典牛顿力学的影响。牛顿力学认为通过观察和计算，在一定的参照系内，可以确定观察对象的位置。但是牛顿力学只在宏观世界的低速运动中具有解释力。后来科学家发现，在微观的量子世界，观察对象的位置是无法确定的。著名的海森堡测不准定理指出：一个微观粒子的某些物理量，如位置和动量，不可能同时具有确定的数值，其中一个量越确定，另一个量的不确定程度就越大。测不准定理反映了微观粒子运动的基本规律。爱因斯坦在此基础之上提出了著名的相对论。相对论和测不准定理的出现极大地改变了人们的思维方式，也对包括史学在内的人文社会科学的理论方法产生了重要的影响。人们开始思索历史是否可以复原。

史学是研究“人”的学问，当看待历史人物的时候，需要克服时间、空间和心理这三重距离上的障碍。也因为如此，人们在探讨历史问题的时候，无法摆脱时代的烙印。所以，历史的“真相”通常迷雾重重，当代人只能是在一定的理论框架下对其进行重构。英国历史学家柯林武德在《历史的观念》中说：“历史学是一种研究或探讨。历史学要弄明白的是活动事迹：即人类在过去的所作所为。历史学是通过对证据的解释而进行的。历史学是‘为了’人类的自我认识。”由此可见，历史学更多的是人们凭借各种历史的遗存对当时社会进行解释和理解的学问。

史学既是一门科学，又是一种艺术。史学虽然与自然科学有根本区别，但是自诞生以来，不断受到自然科学的影响，有科学化的趋势，在研究对象的客观性、研究目的的求真性、研究态度的公正性、研究方法的工具化诸方面都具有某些科学的成分。但无论在历史研究的内容还是形式方面，都离不开艺术性，即其想象、道德教化、审美特性是非常突出的，这似乎与科学背道而驰。所以历史学家张荫麟强调，史学兼有科学与艺术的特征，因为历史本身即具有审美功能；只要有历史，就会有历史的美；“小说与历史之所同者，表现有感情、有生命、有神采之境界”；“艺术化之史与科学化之史，就其目的而言，皆以显真”；“理想之历史具二条件：正确充备之资料、忠实之艺术的表现。”[①]他认为，仅有精确的资料不成为史，仅经科学的综合也不成为史，因为感情生命神采，有待于直观的认取与艺术的表现。没有科学性，史学就不会真实；没有艺术性，史学就不会传神。必须把科学性与艺术性有机结合，史学才能既真实又有美感。

（二）史学教育的功能

史学教育有什么功用？这是每一个对历史感兴趣或者是致力于历史研究的人都会经常追问的问题。

史学首先具有审美的功能。因为史学是一种精神上的追求，能带给人愉悦。史学的魅力在于触发人们对于历史的兴趣，继而激励人们有所作为。爱因斯坦有句名言：“兴趣是最好的教师。”古人亦云：“知之者不如好之者，好知者不如乐之者。”这样的现象在思想史上不乏其例。对历史的研读往往带给人们探幽索奇的喜悦。正如兰克在谈到学习历史的体会时说过的那样，学习历史会见往日的英雄豪杰，重过昔日的种种生活，人生快事，莫过于此。

相较于哲学、文学等其他人文学科，史学有其独特的美感。马克·布洛赫曾经说过，“历史学以人类的活动为特定的对象，它思接千载，视通万里，千姿百态，令人销魂，因此它比其他学科更能激发人们的想象力。”[②]顾颉刚在《古史辩·第一册自序》中也谈到了历史学的审美价值，他说：“我对于自然美和人为之美没有一种不爱好，我的工作跟着我的兴味走，我的兴味又跟着我所受到的美感走。我所以特别爱好学问，是因学问中有真实的美感，可以生出我的丰富的兴味之故。”接着，他又谈到了审美与学问的功用之关系：“并不是说凡是我所欣赏的都要在里边得到实效，我很知道挟了受用的心思而作的欣赏绝不能成为真的欣赏。我的意思，不过要借此说明不求实效的结果便能酝酿出一些成绩来，这些成绩便不在实效的目标之下所能得到的而已。所以，我们若要有伟大精美的创造，必须任着作

① 张荫麟.论历史学之过去与未来[J].学衡，1928（3）.

② 马克·布洛赫.历史学家的技艺［M］.上海：上海社会科学院出版社，1992：10.

者随了自己的嗜欲和兴会而发展，愈不求实效，愈可得着料想不到的实效。”[①]学问的精妙之处在于它的美感。如果在对史学的学习和研究过程中能抛弃某些实用之心，而是把历史视为人类审视自然之美和人文之美的活动的一部分，在这个意义上，史学的审美功能才能被真正感受和理解。

史学还具有警世的功能。它惩恶扬善、以树风声。古今中外的历史学家、教育家、思想家、政治家都非常重视史学的教育作用，印证了“前车之覆，后车之鉴；史家之笔，警世之言”的道理。

史学的功用还在于“鉴往知来”，即“以史为镜”“以史为鉴”，为人的下一步行为定向。而史学研究的主题就是人本身及其行为，历史研究的最终目的显然在于增进人类的利益。换句话说，历史学的功用很大程度上在于经世致用，章学诚在他的著作中就曾多次提到“经世”二字，最典型的例子是他在《文史通义》的《浙东学术》一文中说，“史学所以经世，固非空言著述也”。历史学如何才能经世致用，增进人类的利益，对于这一点，人们则常用历史学可以帮助“总结过去、认识现在和指导将来”来概括。不可否认，对现在社会的反思以及对未来社会的预测，首先是建立在认识和把握以往历史的基础之上，而不是在他们自己选定的条件下创造，是在直接碰到的、既定的、从过去承继下来的条件下创造。因此，人们在进行新的历史创造时，对自己的过去应该引起高度的重视。历史上留下的各种史料蕴含了人类过去社会活动的大量信息，它不仅使人们了解过去成为可能，而且舍此别无他途。

对于个人来说，学习历史可以让人们明白自己行为方式的由来，也可以告诉人们应该如何去做。要清楚地明白现在的状况，必须依赖过去的思想和经验。平时，记忆力可以将那种过去的经验与思想选择出来，帮助人们明白自己的现在。这种记忆力作用如此容易，以至于人们常常忽略其存在。因此，人们的生活可以有序进行，能够应对各种环境，主要是人们可以运用各种历史知识。

21 世纪的到来使史学面临一次新的挑战，不仅要继往开来，发展既有的成果，

① 顾颉刚. 古史辨自序［M］. 石家庄：河北教育出版社，2000.

更要面对信息社会、科学技术的迅猛发展，做出应有的回应。高科技愈发展，愈能呼唤人文精神，这是学术界的共识，所以说，21世纪是人的世纪，是高扬人文精神的世纪，这是人类社会持续发展的主流。这一主题与史学研究天然合拍。人是社会的主体，也是历史传承的载体，史学研究的终极对象是人。人是社会关系的总和，也是大自然的选择，是生物进化的最高级动物，所以人的实质又是社会性与自然性的统一，这种统一不是两者相加，而是自然性与社会性的融合、感性和理性的互相渗透。所以人是有观念的生物，人的素质的提高，不仅是道德修养、知识储备，还有观念变革，使人的潜在能力进一步释放，这是更高层次的人的觉醒运动。史学要围绕这一主题作出自己的贡献，源源不断地开发精神资源，满足民众的需求。

二、实行史学教育的具体措施

1. 阅读教科书与原典

教科书在历史教育中有着不可替代的作用。教育带有一定的强制性。教育汇聚了随着时间推移而慢慢组织起来的各种制度。教育体系与社会结构一样，具有一定稳定性，不会随意发生改变。每一个时代都会有一种能够在个人身上产生不可抗拒影响的教育体系，有一些必须遵从的习俗和观念。如果违逆或者嘲弄了这些习俗和观念，按照自己的意愿进行教育，那么受教育者以后就会与周围的人格格不入，脱离自己的时代，脱离自己生活的条件。

教育的强制性和不可抗拒性，决定了教科书在教育的实践过程中具有重要作用。教科书是教师从事教学工作的基本凭借，是学生进行学习的主要工具。一方面，教科书主要包括符合这一时代价值体系和道德观念的各种内容。青少年正处在心智发展和形塑的阶段。通过教科书可以将这个时代与社会一些约定俗成的观念与习俗传授给他们，促使他们适应未来的共同生活。另一方面，人类从诞生到现在，已经积累了丰富的精神财富。想要在这浩如烟海的书籍中理出头绪，恐怕穷经皓首都难以有真正的收获。而教科书则按照一定的体例，对以往各个年代的主要学说进行解释和列举，而且还研究每一种学说的创始、发展，以及各个学科之间的关系，使人们对某一个学科的学术发展史可以有通盘的把握。应该说教科书在灌输恰当的价值观念和梳理前人的研究成果方面都有着不可替代的重要作用。

但是在教学过程中，不应该“唯教科书论”。教科书最重要的功用是引导学生读原书。知识的获取只依赖读教科书远远不够。教科书的内容主要是取自编著者对原典的解读和诠释。

经典也会随着时代的不同而有所不同，每个时代有每个时代的经典。各种传世的典籍记录了人类过去知识和经验，而经典则是人类文化学术前进轨迹上的里程碑，也是学术继续发展的新起点。人类之所以有别于动物，是因为人类能够利用过去的知识和经验，进行新的发明和创造。如果没有过去的知识和经验作为参考，做每件事情，都从头做起，那么就与蜜蜂筑巢、蜘蛛结网一样，世世代代用的只是有限的技能，却没有能力进行革新和创造。

2.培养学生勤思习惯

要在学问上有所创获，就必须勤于思考。孔子说，“学而不思则罔，思而不学则殆”。只有勤于思考，善于思考，才能领悟书中的真正含义。思考首先要敢于质疑，善于质疑。古人说：“学则须疑”，“尽信书，不如无书”。

学问的增益，在于持之以恒。荀子说，“骐骥一跃，不能十步；驽马十驾，功在不舍。锲而不舍，金石可镂，锲而舍之，朽木不折”。王国维在《人间词话》中讲到“古今成大学问者”，必须经过三种境界，第一种境界是“昨夜西风凋碧树，独上高楼，望断天涯路”；第二种境界是“衣带渐宽终不悔，为伊消得人憔悴”。要想真正做到“望断”“终不悔”，必须要有恒心。只要贵于恒，才能进入第三种境界是“众里寻他千百度，蓦然回首，那人却在灯火阑珊处”。在学问的研习过程中，也同样需要这样持之以恒地坚持。但是每个人都有惰性，在追求进步的过程中，要不断地跟自己的惰性做斗争。

第三节　强化社会适应教育

社会适应能力是当今社会发展所需人才素质的重要组成部分，其获得是一个漫长而艰辛的养成过程。对当代大学生而言，社会适应能力是其生存于世和人生发展中必不可少的重要素质之一，主要体现在社会认知能力、社会角色定位、扮演技能、获取生存与发展的职业技能、社会交往能力、自我完善与适应环境及其变化的能力等。

一、社会适应能力的内涵

（一）社会适应的内涵及标准

1. 社会适应的内涵

“适应”这一概念源于达尔文的生物进化论，即“物竞天择，适者生存”。而首先把适应概念引入社会学研究领域的是英国社会学先驱赫伯特•斯宾塞。作为社会有机论者，斯宾塞认为，包括人类在内的每一种有机体总是在既间接又直接地使自己适应于它的生存环境。在《社会学研究》一书中，他从个人和社会两方面分析了人的社会适应性。在斯宾塞看来，适应是一个不断被打断又不断趋于完整的过程，适应性总是大致的，而且总在不断进行。他强调，要培养和加强人的社会适应性，使之能“随外部生存环境来调节自己”，以“达到最适”[①]。自此，“适应”成为社会学家们研究的重要范畴之一。

所谓社会适应，反映的是社会生活主体与他人、社会及周围环境之间的相互接纳、共同作用的一种和谐状态与过程。对于每个社会个体而言，它是主体对社会环境进行识别和反应的综合素质和能力的完整体现。严格说来，社会适应问题是每个人都会遇到的问题。每个社会个体都需要与其所处的社会环境包括他人形成一种良好的互动关系，这种适应既是一种现存的关系状态，又是一种能动的、

① 侯钧生. 西方社会学理论教程[M]. 天津：南开大学出版社，2006：36.

变化的动态过程。现代社会的飞速发展和剧烈变迁使得任何一种教育都是不完善的，都不可能解决人所遇到的所有问题，在这个意义上可以说，现代人的主动学习和积极适应都将是一生的。

2. 社会适应的标准

社会适应的标准有两层含义：一是以人的心理和行为是否严重违背一定社会公认的道德规范和行为准则为标准；二是以某个人一贯的心理活动和行为表现为依据。

在现实生活中，人们的适应从方向上看大体有两种：一是积极的适应，即个体在客观环境中积极主动地改变自己与环境的不适应行为，增强个体在环境中的主动性、积极性，使自身得到发展。任何环境中都存在有利于个人成长的积极因素和不利于个人成长的消极因素。积极的适应是要正确地分析自身及环境的特点，从对二者的分析中找到自己的生长点。将环境中的有利因素和个性中的积极因素统一在自己能动的实践活动中，人就获得了一种积极的适应。因此，积极的适应即发展，是应被运用并倡导的适应方式。二是消极的适应，这种适应是人与环境的消极互动过程。在此过程中，个体认同、顺应了环境中的消极因素，压抑了自身的积极因素，即自身的潜能，违背了人的心理发展方向，以牺牲个体心理机能和品质的发展为代价，其结果是环境改造了人，而人未发挥自己对于环境的能动作用。这种适应是退化的而非发展的适应。

具体地说，大学生的社会适应标准应包括和谐的人际关系、适应环境、符合社会要求、能充分发挥聪明才智和良好的择业心理。

（二）社会适应的内容

1. 正确的认知

所谓认知，指通过心理活动（如形成概念、知觉、判断或想象）获取知识。认知是指人们获得知识或应用知识的过程，或信息加工的过程；是指人认识外界事物的过程，即对作用于人的感觉器官的外界事物进行信息加工的过程。这是人最基本的心理过程。它包括感觉、知觉、印象、记忆、思维和语言等。人脑接受外界输入的信息，经过加工处理，转换成内在的心理活动，进而支配人的行为，这个过程就是信息加工的过程，也就是认知过程。

社会认知即对社会现状要有正确的认识，既不能过于美化或理想化，也不能过于贬抑。其实，社会既有美好的一面，也有丑恶的一面。换句话说，美好和丑恶是人的价值的投射，现实本身是中性的。适应良好的社会认知应该是去价值化的，价值中立，客观公正，也就是只重事实，不予评价。

2. 适度的情绪

情绪是人对环境刺激的主观反应。如果外界刺激符合或满足个体的需要，就会产生积极情绪；不符合或不满足个体的需要，就会产生消极情绪。个体的情绪与环境刺激应该是相适应的，该喜则喜，该怒则怒。适应良好的情绪活动是不断流动的，随境转移，转瞬即逝，不留痕迹。

大学生社会化过程中，其社会认知与情绪状况都会直接或间接地影响其社会角色的扮演和自我意识的构建。情绪对社会认知的影响之一是会影响到社会认知的归因分析，不能冷静、客观地分析事件发生的来龙去脉和因果关系，造成某种偏见、主观和武断。另外，情绪也会影响认知信息的整合。例如，过分紧张和激动的情绪会抑制记忆信息的提取，和对参照标准的选择及逻辑思维能力，个体社会认知的方式所引发的情绪体验在其程度上表现为强弱的不同和积极与消极的。

3. 理性的行为

按照生理学家的观点，行为是人体器官对外界刺激所产生的反应。现代心理学家一般认为，行为是有机体的外显活动。社会适应的第三个方面是行为，就是言行举止符合要求。行为适应受制于认知适应，只有认识了规则，才能有效地运用规则。

行为与后果密切相关，选择了某种行为，就要对行为的后果负责。有的人努力拼搏，最后取得成功，但所付出的代价也是很大的；有的人随遇而安，不求上进，就要承担被社会淘汰的风险。

人的情感与行为主要由其认知过程所决定。基于这一理论，对大学生情绪疏导的关键是帮助他们发现认知偏差，通过一定途径修正并建立正确的认知结构，才能有效地改变不良情绪。

二、实行社会适应教育的措施

可以说，当代大学生社会适应培养是一项长期而复杂的系统工程。在人文素质教育中，其具体措施着重体现在加强以下几个方面能力的培养。

（一）自理能力的培养

大学阶段是青年自我意识发展的关键时期，一方面，大学生无论时间上还是心理上都有余暇思考“自我”这个问题，思考在不久的将来进入社会后的处境；另一方面，随着社会因素影响力的显著提高，加之现阶段我国社会文化复杂多变，对尚未适应社会复杂现象的大学生提出严峻挑战。两方面因素迫使大学生在自我意识的发展过程中将经历一段调整的过程，这一过程的顺利发展对大学生正确认识自我，合理调控自我，在社会生活中为自己准确定位，适应社会发展有重要意义。

首先，增强大学生的自信心。学会正确评价和认识自我，是提高大学生社会适应能力的重要环节。一个人对自我的认识往往是不够全面的，尤其是对于大学生来说，由于受社会生活经验不足和年龄较小等客观条件的限制，常因个人的经验、知识、情绪、态度、个性等因素的影响，在自我认知方面出现问题。教师应在教学过程中注意指导培养学生的自我认知能力，学会客观地评价自己，正确认识自己的优点和长处，发现存在的问题和不足，使自己充满自信，经常保持积极的心态。大学生正处于自我意识分化与统一十分突出的阶段，他们富于理想、憧憬未来，但由于社会的变化及他们缺乏生活经验和适应能力，对社会的认识和实践具有局限性，因此，大学生的“理想自我”与“现实自我”尖锐对立。如何使大学生从自我意识的矛盾冲突中解脱出来，自我升华，提高社会适应能力，成为高校教育的主要目标之一。

其次，提高大学生的心理承受能力。挫折具有两重性，一方面，它可以培养人的坚强意志，引导人们总结经验，吸取教训，使人们的追求得到完善和提高；另一方面，它又可以使人变得消沉，情绪低落。因此，正确应对挫折，提高大学生抗挫折能力，有助于大学生社会适应能力的提高，防止和克服消极情绪，正确地面对人生、社会和工作。在高校教学过程中，可采取以下方法来提高大学生的抗挫折能力：①改变学习的环境和条件，使大学生在学习活动中适应陌生的环境；②人为设置障碍，使大学生在一定困难条件下进行体育活动；③鼓励大学生敢于进行难度较大的体育活动；④设置具有挑战性的学习情境，让大学生体验战胜困难带来的喜悦。

最后，锤炼独立生活和工作能力。独立生活能力关系到一个人一生的发展和成功。教师在教学过程中，要有意识地结合健康生活知识的传授，使大学生学会通过多种途径获取现代社会中健康生活知识的方法，使他们逐渐学会照顾自己，养成良好的生活习惯。在学习上，应重视培养自己的自学能力和创新能力，学会科学用脑，掌握科学的学习方法和锻炼身体的方法，能够独立思考问题、解决问题；要积极参加集体活动和社会活动，有意识地锻炼自己，使自己独立工作的能力在社会实践生活的磨炼中不断得到提高，更好地适应社会需要。

（二）人际交往能力的培养

重视人际交往，掌握交往技巧，积累交往经验，不仅是大学生现实生活的需要，也是大学生成功地走向社会的需要。

首先，具备良好的表达能力。口头表达能力强，是走向社会的一种竞争力。大学生应积极参加演讲、对话和辩论活动，珍惜在大庭广众面前发表见解的锻炼机会，临场经验多了，口才自然会好起来。

其次，发展社会交往能力。交往是人的社会性需要，不仅表现为物质和利益的交流，更是思想和情感的交流。人们在交往中所结成的人际关系的好坏，往往是一个人心理健康和社会适应能力的综合体现。对于大学生而言，人际交流又是自我意识成熟的重要途径。因此，人际关系的好坏，直接影响大学生的适应和发展。应在大学一年级配备工作经验丰富、水平高和能力强的教师担任班主任和辅导员，采取积极有效的措施提高新生适应能力，为整个大学阶段的教育工作打下良好的基础。教师在教学过程中应突出“以人为本”的理念，营造和谐的学习氛围，引导学生学会学习。组成学习小组，让学生相互观摩、相互纠正，在合作学习的氛围中，提高发现错误和改正错误的能力，在合作学习的过程中发展社会交往能力。

最后，培养创新能力和竞争意识。创新是一个民族的灵魂。大学生要顺应社会的变革和发展，就需要不断地用新思想、新观点、新知识充实自己，根据社会需要主动灵活地调整自己，培养自己的创新能力。①树立创新意识。强烈的创新意识是创新的前提，它表现为主动性强，喜欢标新立异，与众不同；善于利用现有的条件和资源，化不利为有利。②培养创新思维。创新思维是一种独特的、与众不同的，能带来新价值的思维。表现为思路开阔、思维敏捷、独特、灵活、不喜欢盲从，是对创新思维进行构想、设计和指导创新行为的指南。③鼓励创新行为。创新思维只有变成具体的创新行为才有可能创造出新的价值。要鼓励大学生将创新思维转化为创新行为，进行大胆的尝试。

（三）社会责任感的培养

教育的根本目的是为提高社会生产力提供人才保障和支持，这种生产力表现在两个层次：个体生产力和社会生产力。前者主要是提高个体的技能，是理工科教育的目的；后者则涉及个体之间的合作，根本上在于提高人的社会性和社会责任，这是人文社会科学研究的根本目的。

首先，正确认识个人与社会的关系。个人与社会之间是一种既有区别又相互联系的关系，是一种共生共存、辩证统一的关系。一方面，个人离不开社会，“人是最名副其实的社会动物，不仅是一种合群的动物，而且是只有在社会中才能独立的动物”，人的本质在其现实性上是一切社会关系的总和；另一方面，社会又离不开个人，没有个人，社会就不能存在，就此而言，社会本身即处于社会关系中的人本身。正确地理解个人与社会之间的关系，有助于大学生社会责任感的形成。

其次，坚持正确的道德价值导向。在当今中国这样一个多元社会里，由于经济成分、利益主体、利益关系等的多样化，人们的价值观念呈现出多元化的特点。这种情况决定了改变精神价值观念是使现代社会摆脱危机的唯一出路。大学生必须始终如一地坚持以集体主义道德为核心的道德价值导向，处理好个人利益与社会整体利益之间、权利与义务之间的关系，明白自己应承担的社会责任。

最后，实现自我价值。个人价值的实现是离不开社会整体利益的发展的。没有社会整体利益的发展，即没有生产力水平的提高，没有生产关系的完善，没有精神文明的进步，就不可能有个人价值的实现。可以这样说，社会整体利益的内容如何，个人利益的内容也就如何；社会整体利益发展到何种程度，个人价值也就实现到何种程度。个人价值的实现，唯一的途径在于推动社会整体利益的发展，在于每个人主动地承担起社会责任。大学生如果懂得了这一道理，自然会形成高度的社会责任感。

第四节　弘扬中华传统文化

中华文化历史悠久，源远流长，是先人留给我们最宝贵的财富。我国古代文化一直位于世界领先水平，它是历史的精华。中华文化的思维意识、历史意义及交际方式世代相传，对历史发展和历史继承都具有重要意义，应注意运用它潜移默化地引导和规范人们。

中华传统文化的人文关怀气息浓重，可以说，缺少了中华传统文化的高校人文素质教育是不完整的。当然，为了与传统的文、史、哲学等区别开来，本节笔者着重对中华传统文化整体对大学生的综合影响进行探讨。

一、弘扬中华传统文化的重要性

（一）有利于大学生认清现状，培养民族意识

素质是由源自一定的文化修养以及这种修养内化所形成的世界观、人生观和价值观等构成的。加大大学生传统文化学习，不仅有利于提高大学生人文素质内涵，还有利于提升大学生的人格魅力。

1.对传统文化的学习，有利于清晰而正确地了解我国历史

由于经济全球化的影响，世界各国间的思想文化交流碰撞得越来越频繁。在竞争如此激烈的国际社会中，中国传统文化要以什么样的形象进入到世界中，是我们在新时期需要认真考虑的问题。不同国家的文化表现虽然多种多样，但却都能够找到自身的根本形式以及发展特点。我们能够在多种多样的文化中分辨每个国家的文化特点，这是由于每个民族虽然拥有复杂的社会等级、发展历程、部门和群众，但同时也具有共同文化中的共同心理素质，就是所说的民族精神。通过加强传统文化的学习，能使我们正确了解自身，理解民族精神。

2.对传统文化的了解，有利于我们认清国家文化的现实情况

新时代的人们担负着建设社会主义精神文明的历史重任，了解把握我国实际发展情况是完成这一重任的基础。国家情况不是凭空产生的，它反映的是文化的发展历程和实际情况。

3.对传统文化的了解和学习，有利于我们对文化的传承和创新

传统文化是我们“直接碰到的既定的、从过去继承下来的条件”，是能够对我们过去、现在和将来产生影响的传统。传统是社会的一种生存机制与创造机制。在它的帮助下，我国历史文化得以继承、发展和创新，社会的物质精神文明建设成果才能够保存下来。

（二）满足大学生对传统文化知识的渴求

我国传统文化是反映我国五千年历史的产生、出现及发展的长久历程。它凝聚了人类的思想结晶，既有深刻高等的知识理论、人际关系和思想素质，也有深厚的礼仪艺术魅力。不管何时何地，我国传统历史文化都能为社会发展提供无穷无尽的精神知识宝藏。我国传统文化历史悠久，能够运用适者生存的法则以及生生不息的益处使外国文学家高度重视。

（三）有助于推进大学生与社会的协调发展

当今世界正在发生广泛而深刻的变化，当代中国也正在发生广泛而深刻的变革。在新形势下，大力弘扬中国优秀传统文化，培养大学生的国家、民族意识，使他们肩负起对国家和人民的历史责任感、使命感，发挥积极的作用，从而实现个人与社会的和谐发展，切实强化社会责任感和历史使命感。

（四）有助于实现大学生内心世界的和谐

中国优秀传统文化对大学生构建和谐的内心世界有着积极的借鉴意义。传统文化主张注重道德修养的人应注重精神生活的充实，这样会帮助人们抵挡各种物欲的诱惑。如老子的“知人者智，自知者明。胜人者有力，自胜者强”。精神世界的充实使他们正视自我，争做战胜自我的强者。老子认为一切事物的发展过程都是一个由小到大、由少到多的过程。这启示我们：不能好高骛远、眼高手低，而应该脚踏实地，从点滴做起。大学生如果能认真领会中国优秀传统文化的积极含义，将能化解内心冲突，促进内心的和谐，促使他们努力奋斗，坚持不懈，勇往直前地走中国特色社会主义道路。

二、开设中华传统文化课程

（一）中华传统文化课程的定位

中国传统文化课程的定位是：培养高职学生的人文素质和人文精神的必修课程或选修课程。以“初、中级专门应用型”人才培养的总目标为评判依据，结合中国传统文化自身的主要特点，我们认为，高等学校的中国传统文化课程培养目标：一是让大学生认识熟悉并一定程度上掌握中国传统文化的实质精神和精髓所在。其核心是弘扬中华民族优秀的传统文化，诠释解说和培育民族文化精神，提高民族文化的认同感和文化自觉、文化自信，并把中华民族优秀的文化精髓转化为自己的崇高人格；二是让大学生拥有良好的文学和艺术审美能力，真正领悟美的真谛，着重培养大学生欣赏美、体验美、鉴赏美和创造美的思想意识，促使大学生提升对生活美、艺术美的追求，重在培养提高大学生的“情商”，促进学生的个性自由发展；三是让大学生掌握人文方面的知识，进而培养高职学生的人文素质精神；四是通过人文知识、人文素质和人文精神的培养，让大学生拥有“做人的自觉”。这里所说的“做人的自觉”主要表现在以下几点：

第一，善于自我和谐相处。不仅要与自己的身体和谐相处，还要与自己的思想、灵魂和精神和谐相处。

第二，善于与人和谐相处。具体表现可分为：会关心、体贴他人，心存感恩，同时具有责任感，有自己远大的目标。

第三，善于与物和谐相处。即与自然、社会的和谐相处。有一颗热爱大自然的心，有环保意识、忧患意识；善于融入社会，能够做到与时俱进，具备能克服挫折的能力，具有克服困难的勇气和不断前进的毅力。

开设中国传统文化课程的最终目的是培养大学生完善的人格，启迪大学生的智慧，培养大学生的想象力和创造力，是实现大学生“能力本位”的途径之一。因此，中国传统文化课程的培养目标与高等教育的人才培养目标不仅不矛盾、不冲突，反而是高度一致的。

（二）中国传统文化课程的特点

第一，从课程定义上看，极具民族性和本土性。“文化是一个民族真正的灵魂，民族文化又必然顽强地存在于课程之中。如果说科学课程的国际性较强的话，人文课程的民族性、本土性是必然的鲜明的。”我国悠久的历史文化是祖先为我们创造的无价财富，是养育中华民族的精神家园，还是我国精神文明建设的基础。

第二，就课程目标来说，中国传统文化课程以培养学生人文素质教育为授课目标，激发和培养学生的人文素质，使学生成为具有人格魅力的文明人，它是区别于社会科学课程和自然科学课程的。自然科学课程的授课方向是培养学生成长为一个有能力的人社会科学课程（例如德育课）的授课目标是使学生成为一个具有思想素质的人。中国传统文化课程的目的是提高大学生的人文素质水平。

第三，从课程的知识性而言，中国传统文化课程以传授传统文化知识为核心。中国传统文化课程大多是以量化的课程体系安排和教学活动来实施的，确保学生能拥有完备的传统文化知识理论体系。拥有一定的传统文化知识是大学生人文素质教育有效实施的基础与前提。只有大学生拥有了一定的传统文化知识，才能把中国传统文化知识运用到实际生活中，从而提高自己的人文素质水平。因此，构建中国传统文化课程体系，是当代大学生人文素质培养最基本、最核心、最重要的教学保障体系。

第四，就课程的导向性来说，中国传统文化本身就注重以人为本、诗意生活。向往自由是由人的本质决定的，人希望在自己的发展历史中不断地完善自我，但这一过程会伴随着一些负面影响的发生，对人的自身完善造成一种障碍与约束。

第五，从课程的思维与语言特点上说，中国传统文化课程拥有思维方式的含蓄性、体悟性，以及语言表达方式上的感性与浪漫性的特点。领悟是思维的一种重要形式。与此同时，中国传统文化课程的表达方式经常是多义的和朦胧的，生动形象的表达方式给了人们更广阔的想象空间。

第六，从课程结构来说，中国传统文化课程层次分明，范围十分广泛。中国传统文化课程包括大学必须学习的课程《中国传统文化》和各种自主选择的课程，如《文学欣赏》《书法》等课程。中国传统文化课程的主要作用是培养学生学习传统文化知识的才能和弘扬传统文化的意识。中国传统文化课程具有层次分明的特点，这具体表现在教学规划和教学进程的校园方针政策中，所有阶段都有非常具体的课程安排。

《中国传统文化》课程的学习目标是要求大学生掌握传统文化知识的基础，它涵盖了传统文化的核心思想，体现了传统文化在社会各个方面的积极意义。中国传统文化课程紧紧围绕人生意义的反思和内省而展开。因为以伦理为本是我国传统文化的一大特点，而伦理的含义就是如何处理人与人之间的关系，以及如何做人。中国传统文化课程以传授给学生如何做人的自觉意识为重心，注重从根本上提高大学生的人文素质和道德水平。

《文学欣赏》是一门中国传统文化的拓展课程，通过对中国古代文学的学习，重在培养学生的文学、艺术修养，提高文学欣赏、鉴赏能力，美化心灵，陶冶情操。因为文学是通过文学形象提炼人的感觉和情感，通过艺术表现直达人的内心，所以在人的个性化发展中，文学教育显得更为重要。

《书法》课程是针对大学生人文素质教育特别增加的自主学习课程。它既能提高大学生写字的美感，也能使学生在写字中深刻感受到书法中浓厚的中华民族精神。写毛笔字能使大学生修养身心，其重在培养学生的品行，塑造学生的人格。

第七，从课程类型来说，中国传统文化课程应该施行探讨交流的授课方式。由于传统文化课程以培养人文素质为主要目的，人文知识是一种“反思性的知识”，具有个性、隐喻性和多质性。

因此，中国传统文化课程是反对填鸭式的授课方法的，它更加注重运用交流合作的探讨方式进行学习，给学生创造一个自由、真诚、开放的教学氛围，让学生在体验、移情、理解和对话中反思，感悟人生的真谛，在感受中国传统文化的魅力所在的同时提高自身的人文素质。

第七章　高校人文素质教育课程的网络化建设

第一节　高校人文素质教育课程网络化建设的重要性

一、社会信息网络化的必然要求

当今时代，网络被称为继报刊、广播和电视之后的“第四媒体”。网络具有全球性、开放性、交互性、即时性、综合性等特点，具有传播速度快捷、彻底打破地域限制、拉近传播者与受众之间的距离等优势。因此，信息网络已成为人们学习、工作和生活中不可或缺的帮手。今天，网络已成为高校现代化教育教学的重要手段，也是大学生接收信息、学习知识、表达情感的重要渠道。高校应深刻认识网络人文素质教育的重要性，以充分发挥网络载体在人文素质教育中的作用。因此，建设人文素质教育资源网络化教育教学和学习平台是高校的重要责任。

二、加强高校网络文化建设的需要

中国互联网络信息中心发布的第47期《中国互联网发展统计报告》显示，截至2020年12月20日，中国互联网用户数量达到9.89亿，按照中国14亿人口计算，也就是说，中国有70.6%的网民。其中，超过50%的网民年龄在40岁以下，21%的网民多为学生。根据此研究表明，互联网的作用在不断加大，互联网与我们的生活密切相关，成为我们沟通交流的工具和获取信息的途径。

网络文化是一种新兴的文化形态，正在改变着人们的思维方法和生活方式。

网络是一把双刃剑，它能够帮助大学生获得知识，拓宽了信息收集渠道，开拓着大学生的视野，为大学生传播自身情感提供了平台；网络中的不良信息也会对大学生产生不良的影响，严重阻碍着大学生全面发展，影响着大学生的身心健康。为解决这一问题，我国应该制定相应的法律法规，对网络进行监控，创新现代化网络技术、网络手段，将健康的、积极的、正确的网络文化进行宣传。优秀的网络文化是为大众服务的，让互联网服务于大众，引导大众正确地发展，树立正确的价值取向，增强社会主义文化的感染力，提高全民族的思想道德素质和科学文化素质，不断满足人们日益增长的精神文化需求，推动社会进步。

高校是高素质人才培养的集中地，加强校园网络文化建设，为大学生健康成长营造文明健康的网络文化环境，是学校的重要职责。人文素质教育是培植人性、塑造美好心灵的教育。高校人文素质教育的网络化是校园网络文化建设的必然要求。

三、提高高校人文素质教育实效性的需要

人文素质教育是现阶段高校素质教育的重点，是培养大学生全面发展的载体，对大学生人才素质的教育在人才培养上有着重要的作用。所以，高校更应该注重对大学生的人文素质教育。在信息化时代背景下，人文素质教育也可以与网络结合，将网络作为人文素质传播的媒介，这是一种新的人文素质教育的传播手段。互联网将图、文、声、影集于一身，具有较强的文字检索功能和图片呈现功能，能够为大学生提供丰富的文化知识。大学生可以通过互联网获得生动、清晰、直观的人文知识，能够从网络中了解到现实中无法了解的内容，引起大学生的兴趣，增强人文素质教育的感染力、吸引力，保证人文知识的时效性和针对性。高校要充分合理地利用网络资源，积极传播人文知识，构建网络人文素质教育体系，不断充实网络上的人文素质资源，丰富人文素质教育资源，实现线上和线下的共同进步，提高教学水平和人文素养水平，促进学生全面发展。

第二节　高校人文素质教育课程网络化建设的原则

重视把网络技术引入高校人文素质教育，其目的是更好地发挥学生的主体作用，优化课堂教学环境，提高课堂教学实效。为此，在课堂教学中，为了增强网络人文素质教育教学实效，开展多媒体网络教学需要遵循一定的原则。

一、适时适度原则

科学恰当地运用网络教学，是为了更好地优化课堂教学环境，提高课堂的教学效率。事实上，网络教学只是教学辅助手段，而不是教学的唯一手段，它仅能替代教师的部分角色，使教育教学趋向比较理想的过程。高校人文素质教育课堂引入多媒体网络教学是为教学服务的，应该起到化难为易、化繁为简、化抽象为具体、化枯燥为生动等“画龙点睛”的作用。因此，网络教学的使用必须根据人文课程相关教学内容和学生认知特点来开展，做到适时适度。

二、以学生为中心原则

现阶段，我国教育的主体是学生，构建主义学习理论认为学生是知识的接受者，是知识的灌输对象，是学习的主动参与者，教师要将自身的专业知识全部传授给学生，成为学生学习的指导者、组织者、促进者，充分发挥学生的主动性、积极性以及创造性。在教学过程中，传统的教学主要是教师在台上讲、学生在台下听，没有良性的互动，教学方法单一，教学手段落后，对学生只是进行传递知识、灌输思想的活动，忽视了学生的真实情况，师生间的交流与合作较少，对知识内容的研究较差，没有做到真正尊重学生、关爱学生，无法达到良好的教学效果。所以，大学生人文素质教育的课程课件设计，要以构建主义学习理论为基础，充分发挥网络的优势，保证一切活动以学生为主，形成科学的、积极的、合理的教学模式，注重人文教学的内容，推动人文素质教学中教学理念、教学内容以及教学方法的革新。

三、内容与形式相统一原则

内容决定形式，形式反映内容。协调好网络与人文素质教育的关系是至关重要的。网络本身的优势十分明显，人文素质教育可以利用多媒体将抽象的事物具体化，将枯燥乏味的人文课程与互联网相结合，将文字、语音、图片等在三维的空间中展示出来，这就增强了人文教育的直观性、灵活性和生动性。通过对人文知识的改变，吸引学生对人文知识产生兴趣，激起学生学习的积极性和主动性。做到人文素质教育知识与网络教学手段相吻合，选择科学的网站网页、课件以及教学内容。网站的网页栏目应该丰富人文素质教育的内容，明确教学内容是否符合要求，知识的深度和广度是否能够让学生接受，教学内容是否具有价值和意义，相反，如果一个网站只是做到了网页精美而没有实际的知识内涵，也就达不到预期的效果。

四、互动性原则

以教育教学来说，交互功能能够推动人文素质教育的发展，帮助学校、人文课程教师了解每一位学生的发展情况，保证每一位学生都有学习人文知识的机会，保证学生的受教育权，教师应该做到因材施教，针对学生的不同情况制订相应的教学方案，从而提高教学质量，促进学生全面发展。网络教学最大的特点和优势就是交互性，交互性能够将多种媒体进行融合，推动教学的发展，充分发挥网络的功能。在现代网络教学中要充分考虑师生、同学间的互动关系，加强课堂中的交流。互联网教学的最大优势在于信息传播的速度，便捷的沟通方式形成人与人的活动。教师借助网络媒体与学生进行信息交流，真正提高了学生的积极性，提高教学质量，促进学生学习，提高学生对人文知识的兴趣，从而达到对学生人文素质的培养。学校应借助图片展览、辩论、竞赛等形式来传播人文知识，充分调动学生参加人文活动的积极性。

第三节　高校人文素质教育课程网络化建设的措施

网络人文素质教育是时代发展的必然要求和素质教育创新的重要方向。高校必须高度重视大学生的网络人文素质教育工作，针对网络环境下大学生人文素质教育的新情况、新特点，采取相应的对策。

一、加强人文素质教育主题网站和网页建设

我们要充分合理利用现代化网络技术、网络手段，让网络成为学生成长发展的推动力，要不断提升网络媒体的传播力和影响力，让优秀的网络文化能够引导学生发展，让优秀的网络文化服务于大众，特别是推动青少年的进步和发展。现如今，我国高校应积极进行现代网络技术的研究和创新，大力推进人文素质教育的信息化，加快人文素质教育网络化的转变，将人文素质教育网络化任务加入学校规划进程中。学校应该安排专业的人员对网站进行开发、建设和维护，开设历史、音乐、文学、哲学等多种中华特色文化网站网页，将中华美德与网络结合，建设丰富的人文素质教育网站，形成内容丰富、结构合理、界面友好、操作简单以及趣味性等特点，努力建设完善的、科学的人文素质网站，创建大学生精神家园，不断提高人文素质教育网络化的影响力和感染力，营造良好的人文素质氛围，提高学生的人文素养，升华学生的精神世界。

二、加强人文师资队伍网络技能培训

高校人文素质教育课属于公共选修课，不是专业教育课，致使部分任课教师对自身的信息素养重视不够，在如何利用信息技术来帮助自己出色地完成教学任

务上认识不足。

在新时代发展的背景下，教育信息化不断进步为了适应这一发展现状，高校开始对教师进行网络技术和知识的教育，具有网络运用技能的教师发挥着越来越大的作用。高校要注重对人文师资力量的培养，从事人文课程教学的教师要学会使用多媒体，创新教学模式和教学方法，转变教育理念，重视对人文课程教师的培养，开展教师网络教学技能培训活动。学校可以制订考核计划，定期开展在职教师网络技术培训，邀请专业的教师和专家进行网络知识的授课和讲座。教师要提高自身的水平和素质，增强网络教育能力，在课堂中能够积极引导学生进行人文素质教育的学习。

三、重视开展网络化人文素质教育主题实践活动

主题实践活动是开展大学生人文素质教育的有效形式和途径。高校应积极借助人文素质教育网络阵地资源优势，组织开展多种内容生动、形式新颖的活动，不断扩大人文素质教育受益面。高校开展的网上人文素质教育主题实践形式主要有珍贵的历史文化图片或实物展览、爱国主义教育基地参观展览、大学生人文论坛、在线人文知识竞赛等。通过这些丰富多彩的网上人文文化活动，让大学生在校园网上找到健康向上的文化生活方式，并受到潜移默化的影响和陶冶。

四、重视人文素质教育课程教学资源库建设

实现高校人文素质教育课程教学的网络化，必须有一个强大的网络教学资源库作为支撑。因此，高校必须加大资金投入，切实加强人文素质教育课程教学资源库建设。高校人文课程教学资源库主要包括经典影音资料库、珍贵历史文化图片资料库、CAI 课件库、备课素材库、参考文献库、教学案例库、试题测试库等。在教学资源库建设过程中，各种子库要相互交叉，互为补充，以充分满足教师、学生教与学的各种需要，在教学实践中不断地进行扩充和完善，为广大教师提供

一个能充分有效利用信息资源开展教育教学的支撑平台。

人文素质教育课程教学资源库必须经常、及时地进行维护和更新，以保证教育教学所需资源的即时性、针对性和有效性，从而为人文课程教师开展网络教育教学提供鲜活而丰富的教育资源。

五、重视开发设计人文课程网络教学课件

大多数高校人文课程教师主要是用电子教案来代替板书，这不是完全意义上的多媒体网络课件。多媒体网络课件的教学应包括学习提要、课堂教学内容、课堂讨论、阅读材料、课后思考与自我测试等环节，这就要求制作满足以上环节要求的多媒体网络教学课件。为此，必须运用现代教学手段，采用文本、声音等多种表现形式表述教学内容，力求整个课件动静相宜、声像结合、图文并茂，使教学获得直观、具体、生动的效果，促进学生积极、自主地学习。

高水平人文课程网络教学课件在教学模式上，应以讲授为主，辅以文字、图表和图片演示，结合讨论、资料阅读、案例评析及课后思考自测等内容为佳。要制作高质量的网络教学课件，并非人文教师个人能力能胜任、完成的。为此，学校应成立由任课教师、网络技术人员、软件开发商组成的专门队伍，共同开发、制作相应的教学课件，以适应网络人文素质教育教学的需要。

第八章　高校人文素质教育的评价体系革新

教育评价作为新兴的教育科学研究领域，当下已经受到世界各国政府和学术界的普遍重视。人文素质教育实践得成功与否，需要运用教育评价手段进行判断、反馈和调控。

第一节　高校人文素质教育评价释义

“评价”一词在《现代汉语词典》里的主要意思是评定价值高低，泛指衡量人物或事物的价值。由此可见，评价实质上是一种价值判断活动，是对客体满足主体需要程度的判断。“评价”很多时候是和“价值”联系在一起的，只有当客体能够满足主体的需求时，才能体现出其价值。主体不同，主体的需求或者客体不同，客体的能力不同，客体相对于主体的价值也就不同，所做出的评价也不完全相同。

评价主要包括五个方面：第一，客观性。评价要有一个客观的、固定的标准，在这个客观的基础上建立对教育信息科学的系统和全面的搜集。第二，科学性。在评价前搜集到教育的信息，运用科学的方法对信息进行整理、处理、解释和分析，保证评价的科学性，做出科学的、精准的判断。第三，主观性。任何评价都具有一定的主观意识，无论是哪种评价都是人的大脑给出的判断，而且这种判断一定要建立在教育信息升级和人文素质提高的基础上。第四，普适性。教育评价的概念应该适用于教育的全部领域。第五，目的性。评价的目标不只是给一个人评价或者打分，这个评价是为了让被评价者明确自身的优点和缺点，评价结果能够影响一个人的发展，帮助被评价者明确自身的发展方向，提高自身的发展水平，提高学习效率和教育质量。

教育评价即“对教育价值进行判断的过程”。目前，教育评价在我国出现时间不长，正处于发展的初期阶段，这项制度本身也还需要在实践中不断健全、完善。从目前掌握的研究资料看，对“人文素质教育评价”这个概念还没有形成统一的说法。我们认为所谓“高校人文素质教育评价”，是指高校、上级教育行政部门在系统地、科学地和全面地搜集、整理、处理和分析人文素质教育各种信息的基础上，对人文素质教育是否符合人才培养要求、符合大学生个体需求做出价值判断的活动过程。其目的在于为高校、上级教育行政部门提供决策依据，促进人文素质教育改革，提高人文素质教育质量，保证人才培养目标的实现。

第二节　高校人文素质教育评价的意义

一、有利于检查指导教师的教学工作

人文素质教育评价是检查人文社科教师教学工作的重要手段和途径。教师在教学过程中是否贯彻了教学大纲，教学水平高或低，教学效果如何，怎样进行教学改革以提高教学效果，不进行人文素质教育评价，对这些问题就难以做出回答。对高校人文素质教育进行科学评价，做出客观、公正、公平的定性描述与定量分析，可以建立一条教学信息反馈通道，为高校人文教师研究教学问题，总结教学经验，进行教学改革等提供科学的反馈信息；可以使人文教师明确在以后的教学工作中应该努力的方向，实现教学过程的自我调节和良性循环，从而不断提高教学质量、教学水平和教学效果。

二、有利于人文素质教育的科学决策

要开展好人文素质教育，必须有科学的决策。如何使高校有效实施人文素质教育，提高人文素质教育效果呢？这就必须运用教育评价手段，为人文素质教育

决策提供有效信息，以便做出正确的决策。开展高校人文教育评价不仅对教师的教学水平是一种检测，同时对高校的各项人文管理工作也是一种检测。通过科学的教育评估，既可以使上级主管部门适时客观地了解各高校的人文素质教育教学工作情况，也可以使各高校在评估中看到自身以往的人文素质教育教学管理工作是否合理地利用了本校的人文社会科学教育资源，是否充分地发挥了每一位人文社会科学教师的潜能，从而为高校的人文课程建设、人文师资队伍建设、人文环境建设、人文社会实践基地建设、人文管理工作改革等提供科学的决策依据。

三、有利于调控人文素质教育过程，促使其朝着预期的目标运行

学校是实施人文素质教育的主要场所，人文素质教育是否顺利开展，其教育效果如何，是学校的办学理念、师资力量、课程开设、教学管理、环境建设、后勤服务等多种因素综合作用的结果。教育评价能对学校各项人文素质教育工作进行综合检验，使我们能时常了解、掌握学校人文素质教育工作的现状以及与实现人文素质教育目标的差距，以便在规划学校人文素质教育工作的同时，能纵观全局，有明确的方向，有针对性地提出切合实际的举措，有效调控学校的各项人文素质教育工作，使人文素质教育朝着良好的方向发展，达到预期的目标。

四、有利于检验人文素质教育的结果

人文素质教育开展得成功与否，教育效果如何，均需要运用教育评价手段来判定。我们知道，由于人文素质教育的根本目的是培养和谐发展的人才，培养科学素质和人文素质统一发展的高素质人才。所以，高校人文素质评价是整个人文素质教育评价的出发点和归宿。只有解决了大学生人文素质评价问题，才能开展好人文素质教育评价，并为高校人文素质教育评价明确了重点和方向。同时，教育评价理论和方法的日趋成熟，使我们科学、客观和有效地评价大学生的人文素

质和高校人文素质教育工作变为可能。

第三节　高校人文素质教育评价的主体与客体

主体和客体是表示活动者和活动对象之间特定关系的哲学范畴。确切地说，主体具有一定社会经验、实践能力以及科学文化知识，是实践活动的从事者；客体是主体认识和实践活动所指的对象。主体所从事的认识、实践活动的不同，客体的具体内容也不同。

一、高校人文素质教育评价的主体

作为哲学范畴的主体，是相对于客体而言的，是在和客体的相互作用和相互比较中而得到自身规定的。高校人文素质教育评价的主体与客体是评价过程的关键要素，它是解决“谁来评价”与“评价谁”的问题，高校人文素质教育评价的主体是高校所属上级教育行政主管部门、高校以及大学生。在评价主体中，高校所属的直接或间接教育行政主管部门的主要职责是对高校人文素质教育评价的思想、政策、原则给予宏观指导，定期或不定期组成评价机构专门监督评价过程，从整体上掌握高校人文素质教育状况，了解高校人文素质教育是否满足大学生的要求，是否符合高校人文素质教育的宗旨和目标，收到良好的育人效果；作为人文素质教育评价重要的主体，高校一般要直接参与评价过程，配合上级教育行政主管部门对人文素质教育的工作进行检查、指导和评价。另外，高校相关部门如教务处、学工处、团委、社科部等需要按照学校的工作要求，进行学校人文素质教育工作的教育教学检查和内部评价，以推进高校人文素质教育工作向前发展；而大学生对高校人文素质教育的评价，则反映出人文素质教育与大学生需求、满意度之间的差距，以及人文素质教育与大学生需要的价值大小。因此，大学生对人文素质教育的评价也是高校人文素质教育评价中的重要内容之一。

二、高校人文素质教育评价的客体

要从整体上把握高校人文素质教育评价及其活动的规律性，科学、客观地评价人文素质教育价值，还必须把握好评价的客体，即在评价活动中正确把握客体的对象和范围。

高校人文素质教育评价的客体是评价活动所指的对象，也是指评价的范围。根据高校人文素质教育评价活动所涉及的对象，评价的客体主要是有关评价对象中的人员范围（主要指人文社会科学教师、辅导员和班主任、行政及后勤管理人员）、事物范围（包括人文素质教育的教育课程、教育环境、教育实践基地、教育经费、教育现状及进展、教育效果等）、时间范围（年度或学期）等。

第四节　高校人文素质教育评价的原则

所谓原则，就是人们的言论和行为都必须遵循的基本法则或准则，它既是事物客观规律的反映，又是在人们主观认识基础上提升出来的，是主观与客观相统一的产物。高校人文素质教育评价是对其教育及其活动过程满足评价主体需要做出的价值判断，而要做出客观的价值判断，评价主体必须对人文素质教育以及教育评价的规律有客观的认识。因此，评价主体在确定人文素质教育评价内容，构建教育评价体系时，必须遵循以下原则。

一、客观性原则

客观性原则是我们认识事物的一种重要方法。人文素质教育在高校开展的时间不长，我们对高校人文素质教育的机制、方法和途径、考核评价等问题还有待于在实践中探索。所以，评价主体在构建教育评价体系时，必须以客观性原则为指导。首先，要对国内外人文素质教育及其发展有一个客观的了解；其次，构建科学的评价体系，必须以客观可靠的评价资料为依据，以科学恰当的评价方法为手段进行客观评价；再次，评价小组组建时，要对评价人员进行必要的培训、教育，确保评价人员能公平、公正地评价学校人文素质教育活动，排除一切主观因素的干扰；最后，评价小组对反馈的教育评价信息，要具体地分析教育工作中的优点和缺点，并结合该校教育发展现状，看清其主流和支流，客观公正地评价其教育工作，集体讨论研究给出该校人文素质教育的评价结果。总之，对高校人文素质教育的评价必须采取客观、实事求是的态度，排除一切主观、人为因素的干扰，使评价结果能真正反映学校教育的实际效果，确保评价的客观性。

二、系统性原则

所谓系统，就是“由相互作用和相互依赖的若干组成部分结合成的具有特定功能的有机整体，而且这个系统本身又是它所从属的那个更大系统的组成部分”。[①]对于任何一个系统来说，要素、结构、功能、活动、信息和环境以及它们之间的相互依赖、相互作用都是系统构成的基本条件。系统原理要求我们要组织和协调组织系统中各要素之间、各要素与系统整体之间、组织系统与组织环境系统之间的关系，从而保证组织系统活动的正常进行和组织目标的实现。

在构建高校人文素质教育评价体系时，必须运用系统的原理来分析人文素质教育及其活动的各要素，认清各要素在教育系统中的地位、作用或功能。就整个学校来说，学校是一个大系统，包括教学系、院在内的每一个部门，都是它的一个组成要素，各要素的地位、作用或功能有所不同，只有各要素运行正常，高校人文素质教育的育人目标才能实现。由此，我们应该明白任何一个部门人文素质教育的地位与作用，人文素质教育理念、人文课程、人文师资、人文环境等都是人文素质教育系统中的一个重要因素，它们之间是相互关联的。人文素质教育与众多要素是不可分割的，评价体系应该充分发挥人文素质教育的职责和考核的一致性、目的性以及现状相联系的思路，既要包括教育者、管理者工作职责的全部

① 钱学森，等.论系统工程[M].长沙：湖南科学技术出版社，1982：10.

内容，同时，也涵盖着教育者与管理者工作职责相关联的要素。考核机制既要考核人，也要考核事；既要进行体制内考核，也要进行体制外考核；既要进行专业人员的考核，也要进行学生考核，明确考核的标准、要素，设置好个体要素间的关系。只有做到这些，才能实现人文素质教育的全面发展。

三、定性与定量相结合的原则

所谓定性评价，就是“通过对评价对象的整体及其性质进行分析，综合乃至鉴别和确认”，以把握高校人文素质教育的效果和价值。这种评价主要在于事物的质的方面；而定量评价，就是“适用数据的形式，通过对评价对象表现出来的一些量的关系的整理和分析，从数量上相对精确地反映评价对象的局部或整体面貌”，[①]以把握高校人文素质教育的效果和价值。它通常注重评价对象量的方面。

定性分析的评价往往是根据某一事物的观察和经验得出结果，附带一定的主观性和片面性，其结果并不完全可靠，但这种凭经验的归纳往往能揭示出所考察事物的本质属性。但要全面彻底地揭示出事物的规律性，仅有定性分析是不够科学的，还必须采用定量的统计分析方法，通过合理的设计方案，从量的方面对教育活动进行科学的分析，以弥补定性分析不足的认识。构建人文素质教育评价体系要坚持定性与定量相结合的分析原则，既要依据大量、全面的信息对人文素质教育工作有本质的认识，特别是对其工作中存在的不足的认识，又要具体分析其产生的原因，更要借助定量分析确定事物发展的程度。只有这样，对人文素质教育评价才能较客观地反映教育工作的全貌，分析结果的可信度才能大大提高。

四、可操作性原则

可操作性原则是高校人文素质教育目的性和主体性的最突出表现。一方面，人文素质教育评价体系的构建是为了更好地实现人文素质教育的目标，提高人文

① 王茂胜.思想政治教育评价论[M].北京：中国社会科学出版社，2006：176.

素质教育的教育效果。另一方面，人文素质教育主体掌握着人文素质教育及其活动的主导权和支配权，使人文素质教育活动围绕着人文素质教育目标去展开、去活动。因此，人文素质教育是一种有目的、有计划、有组织的活动，这就决定了人文素质教育过程的自觉设计性和可操作性。因此，人文素质教育评价体系属于评价的一种操作性工具，在构建评价内容体系时，必须充分考虑使用简便、易于操作，要求内容体系明确、具体指标内容简明扼要、指标层级设置合厘清晰、指标的概括表达准确、指标条目要尽量少而精、标度的定性词语要准确、量的赋值计算易于把握，尽量避免评价指标太繁杂、抽象，否则，评价时难以操作。

第五节 高校人文素质教育的评价体系

人文素质教育的评价，是一个复杂的学术问题，也是一个实践难题。我们认为，通过构建下述一整套评价体系，则可以从总体上对高校人文素质教育做出检验和评价。

一、制度建设评价

高校应该制定一套完整的评价制度，包括考察领导制度、工作制度、经费投入保障制度、考核制度以及奖惩制度等。任何工作的开展都需要有正确的领导，领导者要重视每一份工作，只有领导重视，工作者才能认真完成工作。所以，人文素质教育评价最重要的一点是对领导体制的考察。考察的主要内容是关于领导者是否做到了人文素质教育具体负责，成立相应的教育指导委员会来管理领导者。工作机制的考察主要是对学校领导是否及时人文素质教育活动，是否及时落实人文素质教育的决议进行考察，对领导者是否进行了工作汇报，是否解决实际问题进行考核，是否把人文素质教育工作落实到实处，是否将人文素质教育作为高校教育事业，对学校的人事、财务、教育、科研等部门进行考察，落实科研项目、经费保障、人才培养等工作任务，保障人文素质教育工作顺利进行。经费投入制度要对人文素质教育中教育专项经费以及资金使用的情况进行考核。奖惩制度就是对促进人文素质教育事业发展的人进行鼓励和表扬，对阻碍人文素质教育事业发展的人进行批评。所以，推动人文素质教育的发展最重要的就是建立完善的制度体系作为保障。

二、课程建设评价

人文素质教育的主渠道是课堂教学。高校的人文课程建设情况，是衡量高校人文素质教育效果的一个重要指标。在这个评价体系下，评价指标又可以细分为三个方面：一是量化指标，即每学期人文类课程的开课门数以及选课学生的人数情况；二是质化指标，即人文类课程在学校乃至全省、全国范围所处的位置影响以及学生修读人文类课程的成绩情况；三是结果性指标，即教师教学改革所取得的明显成效及学生对教师教学测评的满意度情况。

三、学科建设评价

该体系内容主要考察人文学科建设情况。在这个评价体系下，评价指标可以细分为三个方面：一是学科点建设以及人文类课程的学科门类情况等；二是人文类教师特别是学术骨干的学术水平、学术讲座或报告开设情况。人文类教师特别是学术骨干的学术水平在人文素质教育中发挥着重要作用。人文类学术水平的程度主要以考察教师的论文数量和论文质量为依据。人文类学术讲座或报告主要是考察学校开展学术报告的次数和内容。只有当高校开展了多次人文学术讲座，并且内容丰富，才能证明一所高校的人文素质教育工作进行的情况如何；三是科研工作情况。设立人文素质教育教学研究专题，为人文类教师创造人文专题申报的条件，参评各种科研成果奖等。

四、师资队伍建设评价

教师的人文素质如何，在一定程度上决定着学生人文素质的水平。考察高校人文社科类教师乃至全校教师的个人人文素质情况，如人文知识面宽窄、人文能力强弱、人文精神境界高低等，将能预测大学生人文素质教育的效果。另外，此评价体系还可以包括人文社科类教师的师生比例，教师的学历学位、培养培训、职务评聘、经济待遇、表彰评优情况等内容。

五、校园文化活动评价

该体系评价主要指有针对性地对各种校园文化活动的开展情况以及学生校外社会实践的参与情况等进行考察。高校校园文化活动和校外人文社会实践活动是大学生人文素质教育的重要载体和有效途径。一般来说，一个校园文化活动和校外社会实践活动丰富多彩的高校，大学生的人文知识必然得到拓展，人文能力必然得到锻炼，人文精神必然得到提升。因此，此评价体系的具体指标应从质和量两个方面加以设计和考察，如校园文化活动和校外社会实践活动的次数和形式、学生参与人数情况、教育效果以及学生满意度等。

六、环境建设评价

该体系内容主要考查高校校园是否和谐，校园的人文气氛是否浓郁，学校教职员工即大学中的教育者和管理者是否具有环境育人的强烈意识和作为等。因此，我们在考查评价环境建设这一指标体系时，主要从物质环境和精神环境两方面进行。校园物质环境主要包括学校绿化美化、建筑格调、人文景观布局等；校园精神环境主要包括学校办学理念、校风学风、校训精神、价值体系等。这个体系虽然“是一个相对主观的评价系统，但通过对学生的问卷调查、学生座谈会，通过在校园中的感同身受，一样能做出相对客观的评价”[①]。

七、特色项目评价

该体系内容主要考察人文素质教育教学改革特色和科研及其他获奖特色情况。一是教学改革特色。开展人文课程教学改革与创新，并取得显著成果情况；二是科研成果获奖特色。人文类教师论文和科研项目获得院校级、省部级、国家级奖励情况；三是其他获奖特色。学校管理部门、教师、辅导员、学生个人或所带学生团体获得国家级、省级教育主管部门以及学校颁发的奖励及荣誉称号情况。此外，能够推动人文素质教育工作中其他有特色的项目也属该体系内容考察之列。

上述七个方面，作为一整套评价体系而言，应该能够相对客观地检测高校人文素质教育的效果。当然，我们在这里仅仅是提出一个初步的评价构想，而具体的、完善的、科学的人文素质教育指标体系，还有待于广大人文教育工作者继续开展研究和进行不断的教育实践探索。见表 8-4-1。

表 8-4-1　高校人文素质教育评价体系简表

一级指标	二级指标	评价方法
制度建设评价	领导体制、工作机制、人才培养方案、师资培养制度、经费保障制度、考评和激励制度、社会实践基地建设制度等	查阅档案 座谈 实地考察
课程建设评价	人文课程开设数量、选修人文课程学生人数、人文课程校内外影响作用、修读人文课程学生成绩情况、学生对课程的满意度等	查阅档案 调查

① 于立东. 理工科大学生人文素质教育评价体系研究[J]. 黑龙江高教研究，2007（5）：16.

续表

一级指标	二级指标	评价方法
学科建设评价	学科点建设、人文学科的教学科研机构设立、人文类课程的学科门类、人文类教师学术骨干的培养、人文类教师的学术水平、人文类教师的学术讲座或报告的开讲、人文类教师科研项目和论文获奖情况等	查阅档案 座谈 访谈
师资队伍建设评价	全体教师的人文素质状况、人文类教师的人文素质状况、人文类教师的学历和学位、人文类教师进修培训、人文类教师职务评聘和表彰评优情况、人文类教师的师生比例等	查阅档案 座谈 访谈 问卷调查与统计
校园文化活动评价	校内文化活动的开展及实际效果、学生参与校内文化活动情况、校外实践活动开展及实际效果、学生参与校外社会实践活动情况、学生对学校文化活动的满意度	座谈 访谈 查阅档案
环境建设评价	校园环境和谐情况、校园人文环境优劣、学校人文环境育人意识和作为、教师人文环境育人意识和作为等	问卷调查与统计 座谈 实地考察
特色项目评价	教学改革特色项目及实际效果、科研成果特色项目及推广价值、文化艺术作品展演获奖及其影响、其他特色项目等	查阅档案 调查

第六节　高校人文素质教育评价的实施

科学的评价活动必须以科学的评价体系为基础。但是，高校人文素质教育评价的关键在于正确地实施评价过程。有了科学的评价内容及指标体系作为指导，还需要上级评价部门及评价专家有正确的评价指导思想，做好评价前及评价后的相关工作，才能确保评价活动顺利进行。就高校人文素质教育评价的整个过程而言，是由一系列环节组成的，每一个环节都要认真实施。只有这样，才可能顺利地实施教育评价，获得科学的结论。高校人文素质教育评价一般要经历以下几个基本环节。

一、准备阶段

准备阶段就是实施具体的人文素质教育评价工作前的预备阶段。要确保人文素质教育顺利进行的首要任务就是做好准备工作，考虑到人文素质教育中可能会出现的各种问题，在做准备工作的过程中，要让上级领导和专业人员指出人文教育事业的发展方向、目标和原则。其次，确定评价专家组具体的组成人员。再次，确定实施评价活动的时间、程序。最后，确定评价的对象、范围和内容。具体来说，应该做好如下几个方面的工作。

（一）思想准备阶段

思想准备即统一思想。一方面，评价方案制订者和评价专家要明确、统一人文素质教育评价的指导思想，对人文素质教育评价目的的认识、评价性质的理解以及评价内容的看法，力求协调一致。另一方面，上级评价机构下派的评价专家组成员要统一思想，成员之间要就原则的把握、操作过程的细节、在评价过程中出现的情况有统一的认识，这样才能顺利地开展评价工作。

（二）组织准备阶段

对高校人文素质教育评价是有计划、有组织地开展和进行的一项活动。在评价过程中不仅涉及评价学校的广大师生，还涉及学校，甚至是社会上的一些部门和人员，评价活动要顺利实施，就要有组织上的保障。因此，上级主管部门要设立一定形式的评价机构，聘请有关专家、学者组成评价专家小组。小组成员的聘请要根据本次评价的目的、原则、内容、对象等因素考虑合适人选，尤其重点考虑评价专家应具备的评价专长、评价素质与能力。评价专家小组成员确定后，应进行相应的、有针对性的培训，使他们更好地掌握评价活动中的要求和方法，以便统一评价标准，顺利推进评价活动的开展。

（三）方案准备阶段

方案准备是整个人文素质教育评价活动准备阶段中的实质性的、关键性的工作。方案准备得如何，直接影响评价结果的可信度和效果。在这个阶段，评价专家对高校人文素质教育评价的目的、性质及意义要统一的认识，特别是要统一把握评价指标体系中主观条件、隐性条件的评价，涉及具体的质与量的把握时，成员之间要达成一致，统一标准。

（四）文件材料准备阶段

此阶段为人文素质教育评价准备工作的最后环节，主要任务是根据评价指标体系的一级、二级等指标项目和要求设计各种表格，如人文社科教师自评表、各种数据表、大学生人文课程学习表、人文阅读问卷调查表等。如果要实地考察、座谈，评价专家组要事先准备好调查方案，并提前通知、组织有关教师或学生到场，认真记录、提取与会人员对该校人文素质教育评价的相关有效信息。

二、实施阶段

实施人文素质教育评价活动的时期，称为实施阶段。这个阶段是具体评价工作的开始。评价专家组主要做好以下几方面工作：

首先，要进行广泛、深入、细致的宣传教育工作，统一评价专家与被评价学校教师学生的思想认识，明确人文素质教育评价的意义、目的，要从改革高等教育、提高办学质量、推进高等教育事业向前发展、提升大学生人文素质、培养高素质人才的高度认识人文素质教育评价的必要性和重要性。在评价过程中，评价专家要公平、公正、公开地对待每一个被评价学校，摒弃任何形式的个人感情因素，被评价学校也要树立正确的评价观，防止产生各种消极、抵触情绪。

其次，评价专家组向相关学校、教师和学生发放各类文件、调查表，让他们把握文件中的要求，完成各类表格或其他汇报内容的填写工作。

最后，评价专家组收集、整理、审阅、核查收集到的各类人文素质教育评价信息，根据评价指标体系的内容和要求，对该校人文素质教育给出评价的结论，评价专家组成员完成各自的评分，然后评价专家组综合各评价专家意见，在集体讨论的基础上，给被评价学校的人文素质教育下结论。

三、评价反馈改进阶段

当前，高校重视和加强人文素质教育，就是要把大学生培养成为既拥有专业知识技能，又具有高尚人文情怀的高素质合格人才。而对高校人文素质教育的评价，则是从制度上监督、保证、推进高校人文素质教育健康向前发展的一项重要举措。评价不是目的，只是改进教育的手段。由此可知，在人文素质教育评价工程中，评价专家要做到具体问题具体分析，评价专家组要根据高校的具体情况进行人文素质评价，按照实事求是的原则填写“改进意见书”，指出人文素质教育中的缺点和不足，帮助高校进行人文素质教育的改进。而被专家评价的学校应该虚心接受，不断改进和发展，推动高校人文素质教育的顺利进行。

反馈改进阶段要求被评价学校针对评价专家组“改进意见书”中提出的问题，在今后人文素质教育工作中努力克服，以提高教育教学质量和效果。同时，也要求评价专家组监督、检查被评价学校改进教育工作中存在的问题和不足。反馈改进阶段是人文素质教育评价之后，总结和改进人文素质教育工作、提高大学生人文素质教育实效性不可缺少的环节。

第九章　人的全面发展——高校人文素质教育的未来

第一节　人的全面发展的本质

所谓平等，是指社会赋予每个人在发展的客观条件以及机会上的均等，从而可以不受地位、金钱、权力等外在因素的左右，即每个人都能按照其本性和需要获得相对平等的发展其能力的机会和基础。人的全面发展也内在地要求把人作为发展的目的，这就较早提出“人是目的”的思想，认为人以实现自身的本质为目的，但作为自然界的一部分，人又是自然界实现无限目的的一个工具。个人自由而全面的发展，就是使每个人都要满足自我发展和自我实现的需要，就是为了自身人格完善和促进社会进步而发展，就是把人作为目的而发展。人的全面发展也要求把人当作主体，这就是使人在世界当中确立自己的主体地位，以达到自由生存、自主活动和自我实现。它主要体现在人既可以自由选择自我的发展道路、发展方式、发展途径以及发展方向等，又可凭借能动性超越现实生活本身，发挥其创造性，并在改变自然的同时，不断完善自身。人的全面发展还是人类社会发展的最有效形式，它内在要求个人发展与人类社会发展的和谐一致，以及通过每个人全面发展的方式来实现人类社会的发展。

当代人类成为全面发展而自由多向度的人具有如下本质特征。

一、健康和谐的主体人格

所谓人格，按照荣格的观点，文化要求于他所起的角色就成为人格，其含义指自我的外延。人格可以分为认知（思想、知识水平、知觉和记忆）、行为（技能、天赋和能力水平）和情感（感觉与感情）几个主要部分。因此，人格可以简单地归结为个体心理特质和行为特征的总和。心理学家认为，人格是一个人在与其环境相互作用过程中所表现出来的独特思维模式、行为方式和情感反应的特征；人格反映了一个人总的心理面貌，是相对稳定、具有独特倾向性的心理特征的总和，在很大程度上决定了人对外界的刺激做出怎样的反应，包括反应的方向、形式和程度等。

人格是人的素质的基础，决定个体包括生理、心理和社会文化素质在内的综合素质的发展。人格是人的主体性意识，即个体对自己本质的清醒的自觉意识。主体人格正是由主体意识所赋予生命自强不息、持续发展的心理特质。主体性不是主观性，也不是一般的“人性”或个性，而是与客体性相对应的主体的本质属性和能力。主体性的含义可从两个方面来理解：一方面，是它的“自在规定”即是人类的存在方式、活动方式和对世界、自身的把握方式，这实际上是从人作为人而存在的必然性、使命、本质、意义和根本方式上所做的规定；另一方面，是它的“关系规定”，主要是与客体性对应的主体的自我、理想性、选择性、创造性、超越性等。前一方面是主体性的根据和意义，后一方面则是主体性的现实基础和现实必要性。

主体性是主体在与客体的关系中，主体在对象性活动中表现出来的本质属性。主体性是人之为人的根本属性，是人作为认识和实践主体在其活动中所具有的自主性、能动性和创造性。主体性就是主人性，就是主体关系中处于主人地位的人所具有的本质属性，这种主人性既包括做自己的主人，也包括做主体间关系的主人，还包括做对象世界的主人。主体性还意味着个体在推动历史进步和社会发展中自然实现的自我、受动性和能动性。主体性的自我、能动性和受动性的特点，反映了无论是接受创新精神和创新能力的培养过程中，还是在进行创新活动过程中，主体都是围绕着自身利益展开的。主体意识越深刻，主体能力和主体人格就会越有力，作用就会越大；主体的受动性越大，自我和能动性就会显现得越充分，自身的发展也就越充分、越有持续性。

人的全面发展不仅在于它为社会发展提供条件、手段，还在于人自身的进步、发展、完善是目的和归宿。社会发展归根到底是为了更好地满足人的生存、发展的需要。人在社会发展中要实现自身的发展，要进一步占有、完善自己的本质，就需要不断地提高自己的生存能力、生存质量，而人的全面发展体现了人的生存状态的提高和人的本质的进一步完善。

人的全面发展是适应现代实践发展需要的人的主体意识、主体能力的发展。当前，我国社会发展的战略目标是经济、政治、文化建设的全面发展。社会的全面发展离不开人的全面发展。努力促进人的全面发展，就给社会全面发展提供主体条件和基础。但是，现代化建设的主体是人，只有发挥人的主体作用，中国特色社会主义建设的目标才能真正实现。实现个体主体性与集体主体性、个人利益与集体利益有机统一和人的全面发展是中国特色社会主义建设的价值取向和追求。社会的进步和发展是人的主体性的对象化，是人的本质力量的实现。可以说，没有人的主体性的解放和提升，就不会有社会的发展和进步。

二、符合时代的价值取向

人是一种实践性存在，人的实践活动的目的性决定了价值关系存在的历史必然性。实践活动作为一种自觉活动，总是与目的和方向相联系的，实践目的是实践过程的起点，也是结果。对设定特定目的的主体而言，目的实现了，价值也就实现了。因此，人也是一种价值性存在。人的全面发展不仅包括知识、技能的发展，更重要的是人的价值观念和思维方式与时代发展相适应。

价值观念作为一种主观意识形式，是以价值实现或价值关系为其客观内容的，价值观念是在既定的价值关系的基础上生成的，是从已存在的价值关系出发而形成的自觉认识。每一个时代都有与之相适应的价值观念和思维方式。随着中国特色社会主义建设的全面开启以及建立社会主义市场经济实践的展开，人们的生活方式、价值观念发生了巨大变化，甚至会出现传统价值观与现代价值观的冲撞，如价值观念的多元性与一元性、物质价值取向与精神价值取向、社会价值与个体价值等。不管怎样，全面发展的人要求个体的价值取向必须符合时代发展要求，这种要求至少包含两方面的内容：一是坚持社会本位观。现代社会要求积极发挥个人的作用，但是反对将个人凌驾于社会之上。个人价值的大小以对社会贡献大小为尺度。健康的价值取向应该是坚持个人服从社会的原则，以社会的价值为尺度。二是愿意根据技术水平高低来领取不同的报酬。这种价值取向有助于展开公平竞争，激励人们努力提高自身多方面的素质，从而使社会成员的整体素质得到提高，对社会现代化的发展产生巨大的推动力。

三、能力的全面性

人的能力是由人的身体与精神相统一的结构所产生人的活动能力，是人的身体和精神的全面发展在人的活动能力上的具体表现，因而人的活动能力的多方面发展能够明确而具体地表现出人的全面发展的程度。

人的全面发展既要以社会的全面发展和高度完善为条件，又要以进一步推动和促进社会的全面发展为目的，即全面发展作为人的自由特性，就是随着社会的发展和进步，这需要以人的全面能力为前提和保障。只有具备了全面的能力，人才能不断摆脱自然力、社会关系和旧思想的束缚，提高自由的程度；才能充分发挥自然和历史赋予个人的各种潜能素质，并使之日益增强；才能不断提高认识和驾驭客观规律，增强改造世界观的自觉性；才能在社会进步的基础上，通过个人对社会的积极贡献，使个人的物质、文化需要日益丰富，从而更加激发和增强人们自由、全面发展的热情和动力。总之，只有达到了能力的全面性，人才能成为自己的社会结合的主人，也就成为自然界的主人，成为自己本身的主人——自由的人。概言之，就是“把人提高到人的高度”，真正成为“大写的人”。

第二节　人的全面发展的实现

一、达成人的全面发展的条件

1. 社会生产力的充足发展

大力发展先进生产力，为人的全面发展奠定物质基础。生产力的发展，不仅能够创造日益丰富的物质生活资料，使人在满足生存需要的前提下能够追求享受和发展，还能大大缩短人的劳动时间。

2. 科学技术的高质量发展

科学技术对人类社会发展具有巨大的推动作用。科学技术不仅能够促进社会结构即经济结构、职业结构的深刻变革，提高社会生产质量，变革社会生活方式，还改变着人的精神面貌、思维方式和价值观念。它促进人们观念形态的革新，是反对宗教迷信，克服各种落后保守观念的强大力量。科学技术的应用，使人的劳动，使力量的支出缩减到最低限度，使劳动获得解放的条件。科学技术的应用，使个人充分发展的自由时间大大增加，促进社会成员的个性自由发展。

3. 社会关系的和谐丰富

“社会关系实际上决定着一个人能够发展到什么程度”，人的能力发展离不开社会环境和社会交往，人的存在无不受到具体社会关系的制约，人的发展无不现实地表现在具体的社会关系的变革中。人的社会性并非与生俱来的属性，是他进入人的社会后在人与人的关系中逐渐社会化的结果。

二、实现人的全面发展的手段

要改变一般人的本性，使他获得一定劳动部门的技能与技巧，成为发达的和专门的劳动者，就要有一定的教育或训练。教育既是人的教育，又是人力的教育。它具有人类灵魂的教育和谋生手段的培养双重特性，既有思想政治教育，又有知识、技能教育，同时还包括人文教育等。大力发展教育事业是人的全面发展的重要手段。必须实现教育的现代化，才能全面提高人的素质，实现人的全面发展。人文素质教育之所以能促进人的全面发展，主要是由人文素质教育的功效决定的。

1. 人文素质教育能激发人的自我意识

人的全面发展关键取决于人的自我意识的强化。从哲学角度上看，自我意识是人对自己与外部环境相互联系中所具有的能动性的意识，它强调的是人对自己的存在及其价值追求的自觉，它对人的成长起自我导向的作用。人文素质教育的价值目标是人的人文素质的养成和实现。通过人文素质教育，我们可以把文化知识内化为人文素质，再从内在的人文素质外化为“为人”的人文实践。在这个转化过程中，既离不开自我意识，同时也是自我意识的激扬。

2. 人文素质教育能唤起人的生命价值感

拥有较强的生命价值感是人的全面发展的重要标志。生命哲学高度关注人的生存方式和生命意义。生存与发展，是人的本质，是人生过程的内涵的极抽象概括。所谓生存，首先就是活着，活着就表明生命的存在。但人又不是单一的存在物，而是身心统一的复合体。人的生命存在，既体现着自然的动物性，也体现着社会的人类文化性。人除了生存，还要发展。人的生存与发展不可分割，生存中有发展，发展中有生存；生存中求发展，发展中求生存。无论求生存还是求发展，都需要教育，归根结底是人文素质教育。人文素质教育对人的生存功能的概念是社会的、文化的。文化看重的是对过程的体验，感情的交流，精神的充实。文化赋予一切活动以生命与意义，文化的缺失就意味着生命的贬值与枯萎。人文素质教育虽具有工具价值，但更具有文化意义，否则，它就只是知识的移位、技能的训练和应试的准备。诚如教育学家斯普朗格指出，教育绝非单纯的知识传递，教育之为教育，正在于它是一个人心灵的“唤醒”，这是教育的核心所在。人文素质教育的要义不在于“造”，而在于“育”和“养”，即一个养心、养性、养智与养德的过程。也就是说，人文素质教育的过程主要在于使生命文化而非知识化，它意味着引导个体通过统摄蕴含于知识中的智慧而觉悟到自身生命价值之真谛，进而把人的创造力诱导出来，将生命感、价值感“唤醒”，一直到精神生活运动的根，最终实现“人”的价值的最大化。

3. 人文素质教育能促进人的自我完善

全面发展并不是指平均发展，而是指人的个性与人格的全面发展。人文素质教育则是实现这个发展目标的助推器。

人文素质教育以文化为底蕴，追求人的情感与精神的和谐发展，追求一切活动的价值与意义，追求生活的质量与人的完美。人文素质教育的功能不外乎在发展人性、培养人格与改善人生，使人与人互动，达到行为习惯的正向养成。当然，此类教育目标是培养人的独立自主创造和更新生活的能力。人文素质教育是以人文学科知识为载体的，而人文学科主要是研究人本身或与个体的精神直接相关的文化世界的学问，如文学、历史、哲学、艺术、语言学等，它们主要研究人的精神世界，回答“应该怎样”。人文学科最主要的是发展人性、完善人格、提高人的文化素质和文化品格。因此，人文素质教育能引导人们思考人生的目的、意义、价值，帮助人们追求人的美化。

总之，高校人文素质教育是关乎一个特定群体寻找幸福乃至一个民族引导未来的重要话题。同时，由于时代和个体差异、文化观念、教育观念等因素，高校人文素质教育也是一个开放性、前瞻性和阐释性的话题。但是，无论怎样，寻找一个合乎人性的方向，探索一些适宜大学生人格完善和未来发展的内容，进行有助于人类幸福的体验和自由愿望满足的实践，是应该不断追问的动力和无怨无悔的结果。

参考文献

[1]傅国涌.过去的中学[M].武汉：长江文艺出版社，2006：119.

[2]钟叔河，朱纯.过去的高校[M].武汉：长江文艺出版社，2005.

[3]马明华，涂争鸣.高校人文素质教育论[M].广州：华南理工高校出版社.2010.

[4]齐格蒙•鲍曼.立法者与阐释者[M].上海：上海人民出版社，2000.

[5]万福绪.大学素质教育[M].北京：中国林业出版社，2003.

[6]魏宏森，曾国屏.系统论——系统科学哲学[M].北京：清华大学出版社，1995.

[7]谈新敏.公民科学文化素质研究[M].郑州：郑州大学出版社，2005.

[8]中国高校人文启思录（第1卷）[M].武汉：华中理工大学出版社，1996.

[9]徐涌金.大学生素质教育教程[M].北京：中国标准出版社，2008.

[10]钱源伟.社会素质教育论[M].广州：广东教育出版社，2001.

[11]周湾.论培养世界公民的文化包容与自信品格[J].高校教育科学，2008（6）：11.

[12]王娟娟.理工类大学生人文素质教育的理念、方法与机制研究[D].合肥：合肥工业大学，2012.

[13]卢坤.论高校思想政治理论课教学的政治新任务[J].经济师，2018（7）：201.

[14]潘懋元，吴玫.高等学校分类与定位问题[J].复旦教育论坛，2003，(3)：5—6.

[15]马陆亭. 高等学校的分层与管理[M]. 广州：广东教育出版社，2004.

[16]王平祥，李忠云. 中美研究型院校本科人才培养模式比较及启示[J]. 辽宁教育研究. 2005，(9)：5—6.

[17]高平叔. 蔡元培教育论著选[M]. 北京：人民教育出版社，1991.

[18]关颖婧. 我国研究型院校本科人才培养模式研究[D]. 南京：南京理工大学，2006：23.

[19]石亚军. 人文素质论[M]. 北京：中国人民大学出版社，2008.

[20]张金福. 高校人文教育与科学教育结合研究[M]. 杭州：浙江大学出版社，2006.

[21]黄顺基. 自然辩证法概论[M]. 北京：高等教育出版社，2004.

[22]季炜梅. 发挥中学网络教学的优势[N]. 光明日报，2006，05，18（10）.

[23]周长春. 新形势下大学生思想政治教育探索[M]. 北京：北京工业大学出版社，2005.

[24]马奇柯. 思想政治教育机制要素及其特性分析[J]. 学校党建与思想教育，2008（4）：19.

[25]李萃英，赵凤平. 面向新世纪人文素质教育研究[M]. 北京：煤炭工业出版社，1999.

[26]叶圣陶. 叶圣陶教育文集（第 2 卷）[M]. 北京：人民出版社，1994.

[27]张天宝. 教学风格的形成过程与条件[J]. 湖南教育，2001，(2)：26.

[28]赵振华. 大学生社会实践的现状及路径探析[J]. 教育探索，2007，(4)：63-64.

[29]叶山土. 关于思想政治理论课社会实践的哲学思考[J]. 浙江师范大学学报，2007，(4)：18.

[30]江河，李明. 大学生社会实践再认识[J]. 中国电力教育，2007，(9)：104.